Parenting
with
Love and
Wisdom

这样爱你
刚刚好，
我未来的孩子

朱永新　孙云晓　李燕　主编

蓝玫　副主编　　王晓芳　赵燕　本册作者

C>S 湖南教育出版社
PUBLISHING & MEDIA

编 委 会

把幸福还给家庭（代序）

父母的教育素养，直接影响甚至决定着孩子的发展。

在教育中，家庭是成长之源。一个人的一生有四个重要的生命场：母亲的子宫、家庭、学校和职场。其他三个场所随着时间改变，家庭却始终占据一半的分量，是最重要的场所。孩子的成长，最初是从家庭生活中得到物质和精神的滋养。人生从家庭出发，最后还是回到家庭。

在家庭教育中，父母的成长是孩子成长的前提。家庭教育不只是简单的教育孩子，更是父母的自我教育。没有父母的成长，永远不可能有孩子的成长。与孩子一起成长，才是家庭教育最美丽的风景，才是父母最美好的人生姿态！抚养孩子并不仅仅是父母的任务，也是父母精神生命的第二次发育。对孩子的抚育过程，是父母自身成长历程的一种折射。如果父母能够用心梳理孩子的教育问题，就能回顾和化解自己成长中出现的问题，就能实现精神生命的第二次发育，再次生长。

过一种幸福完整的教育生活，是家庭教育的根本朝向。"幸福"不仅仅是教育的目标，更是人类的终极目标。幸福教育是幸福人生的基础。新教育实验的理想，就是让人们快乐、自主地学习，真正地享受学习生活，发现自己的天赋与潜能，在和伟大事物遭遇的过程中发现自我、成就自我。教育本来就是增进幸福的重要途径。挑战未知，合作学习，应该是非常幸福的。所以，家庭应该和学校、社区一道，努力创造让孩子幸福成长、快乐学习的环境。把童年还给孩子，把幸福还给家庭，是我们这套教材的核心理念。

"完整"的内涵比较丰富，但最重要的精神就是让孩子成为他自己。现在教育很大的问题，就是用统一的大纲、统一的考试、统一的评价，把本来具有无限发展可能的人变成了单向度的人。我们的教育是补短，就算把所有的短补齐了，也只是把所有的孩子变成一样了，而不是扬每个孩子所长。其实，真正的教育应该扬长避短。人什么时候最幸福？发现自己才华，找到自己值得为之付出一生努力的方向，能够痴迷一件事情，实现自己的梦想，一个人在这时才是最幸福和快乐的。这就是新教育所说的完整幸福。

如今，教育是父母最关注的问题，但家庭教育却在父母的焦虑中常常脱离了正确的轨道。为了"幸福完整"这一目标，我们的父母应该建设一个汇聚美好事物的家庭，自身也应该成为美好的人，从而帮助孩子成为更好的自己。

理念比方法更重要，但并不意味着方法没有价值，相反，只有好的方法才能让好的理念真正落地。因此，我们邀请了知名教育研究机构的相关专家，精心编写了这套新父母系列教材。这是国内第一套从孕期开始直到孩子成为大学生的父母系列读本，希望能够为不同年龄、不同阶段孩子的父母提供蕴藏正确理念的有效家庭教育方法。

父母对孩子的爱，再多也不嫌多。父母如何爱孩子？随着时代的变迁，方法也在不断改变。如何才能更好地爱？我们以"智慧爱"的理念，探索着充满智慧的、恰到好处的爱的方法，对此还在不断研究之中，这套书也会不断修订。希望广大父母读者及时提出意见与建议，让我们一起完善这套书，让我们对自己、对孩子、对世界，都能爱得刚刚好。

朱永新

2017年6月16日写于北京滴石斋

目 录

第一章　成为父母，你准备好了吗　／1

1. 准父母的心理建设　／2

2. 物质环境的准备　／11

3. 育儿知识的准备与育儿观的协调　／16

第二章　科学备孕知多少　／19

1. 备孕期的生活方式　／20

2. 备孕期的饮食管理　／24

3. 科学助孕　／28

第三章　认识胎儿的发育特点　／32

1. 肚子里的宝宝长啥样　／33

2. 衡量胎儿生长发育的指标　／50

3. 胎儿体重监测　／52

第四章　胎儿异常发育　/ 55

1. 病毒对胎儿的影响——TORCH　/ 56

2. 早产儿知多少　/ 60

3. 双胎风险　/ 63

4. 自然流产　/ 65

5. 胎儿为什么会畸形　/ 68

第五章　孕期身体调养和防护　/ 71

1. 怀孕早知道　/ 72

2. 你能感受到的孕期身体变化　/ 75

3. 孕期到底该长多少肉　/ 86

4. 营养品的正确选择　/ 90

5. 孕期饮食禁忌　/ 94

6. 防辐射服有用吗　/ 96

7. 孕期用药安全　/ 99

第六章　分娩准备　/ 102

1. 预产期，不必太纠结　/ 103

2. 分娩方式　/ 106

3. 分娩止痛法　/ 108

4. 准妈妈何时去医院待产　/ 110

第七章　孕期监测　／114

1. 产检在忙些啥　／115

2. 奇妙的超声检查　／118

3. 电子胎心监护　／124

4. 数胎动　／126

5. 唐氏筛查　／129

第八章　孕期常见疾病　／133

1. 准妈妈感冒了　／134

2. 警惕宫外孕　／137

3. 胎位不正怎么办　／139

4. 前置胎盘　／142

5. 什么是妊高征　／144

6. 妊娠期糖尿病　／148

7. 子宫破裂早识别　／152

8. 脐带绕颈的危险　／155

第九章　二胎妈妈特别关注　／157

1. 二胎时代　／158

2. 高龄再生育　／160

3. 瘢痕子宫再次怀孕　／162

4. 剖宫产后转顺产（VBAC）　／165

第十章　你问我答　／168

　　1. 孕前能化妆吗？　／169

　　2. 孕前能喝酒吗？　／169

　　3. 爱喝咖啡对怀孕有影响吗？　／170

　　4. 从备孕开始就不能养猫咪了吗？　／171

　　5. 孕前抑郁怎么办？　／172

　　6. 长期在炎热的环境中工作会不会影响生育？　／173

　　7. 遗传对孩子哪些方面影响会比较大？　／174

　　8. 孕期可以接种疫苗吗？　／175

　　9. 是不是一定要按时产检？　／176

　　10. 剖宫产能全麻吗？　／177

　　11. 孕期能染发吗？如果染发会对孩子有影响吗？　／178

　　12. 地铁里的 X 光检测仪会对胎儿有影响吗？　／178

主要参考文献　／180

后记　／182

1

成为父母，
你准备好了吗

BABY

1. 准父母的心理建设

　　个体从出生到生命的终结，一生中将扮演很多的角色，为人父母显然是个人生活经历中浓墨重彩的一个角色。母亲的角色使年轻的女性内心更趋向于成熟与稳定，同时被赋予母亲这个角色所拥有的爱、善良、责任感、保护、无私付出等个性特征，使自我的角色更趋复杂和完整。我们经常说的"为母则强"讲的就是母亲的责任感和保护欲。

　　父亲的角色也会使年轻的男性趋于成熟与稳定，不过在这一点上可是比不过母亲，因为对父亲来说，这个过程可能会迟缓一些。有一位父亲认为，拥有第一个孩子使他的妻子成为母亲，而拥有第二个孩子使他成为父亲。父亲的角色使得他们更具有保护意识和责任感，也会带来一些压力，如经济压力、教养压力等，尤其在中国，大家都知道"子不教，父之过"。当然，这些压力也会促使年轻的男性更快地成长，而一个称职的父亲通常会有更强的自尊。

准妈妈的压力

　　肖琳在观念上已经接受要生育一个宝宝，双方父母都很高兴，告诉她不要有压力，顺其自然。但她觉得，生孩子哪有这么容易，有很多的问题需要解决。她担心生孩子会影响自己的体形和容貌，担心怀孕影响工作，尤其对自己做母亲的能力抱有怀疑，她觉得内心很有压力。

当一个女性准备成为母亲时，她会产生多方面的压力。社会文化对女性的"母亲"角色有着许多根深蒂固的期待，这些期待通过漫长的社会化过程而成为女性自身的信念，诸如"女人天生就懂得如何成为母亲"。但现实是，女性可能会怀疑自己是否能够扮演好母亲的角色、是否可以照顾好宝宝。准备成为妈妈的女性常常会为这样的问题而焦虑："我会是个好妈妈吗""我真的能够照顾好宝宝吗""我要怎么照顾宝宝"等。

此外，对经济状况、自身外表，以及与伴侣关系的忧虑，同样会引发女性的心理压力。这些忧虑包括：担心胎儿的健康状况；担心自己身材走样而令丈夫嫌弃；担心分娩的痛苦；担心胎儿的性别不是自己和家人所期望的；担心媒体和书籍中所涉及的一些负面情况会在自己身上出现；担心产后没有人来照顾自己和孩子；担心因为分娩而导致工作受到严重影响等。

面对可能的压力，准妈妈们需要积极对待。在解决构成压力的具体因素前，准妈妈们需要知道，在备孕前如果压力过大，情绪紧张，可能会导致肾上腺素分泌过多，打乱人体激素平衡，降低性欲，并且会打乱女性的生理周期，增加怀孕的难度。而孕期的压力与焦虑也会对胎儿的发育不利。因此，当一个女性准备做母亲的时候，不妨放松心情，享受怀孕的过程，以喜悦的心态迎接自己将要来临的宝宝。

接下来，我们就选择几个问题，谈谈具体压力的解决。

怀孕会让人变丑的烦恼

现在的年轻女性对自己容貌的要求越来越高，一些准备做母亲的女性非常担心怀孕会使自己变得难看，这使得她们对怀孕抱有很大的压力。

不同的准妈妈会有不同的表现状态。总的说来，怀孕确实会让妈妈的容貌有点改变。由于妊娠期间垂体分泌的促黑素增加，同时雌激素和孕激素大量增多，会导致脸部出现黄褐斑；随着胎儿的长大，腹部会出现妊娠纹；一些孕妇还可能由于怀孕期间营养不合理，导致体重增加过多等。孕期是个特殊的时期，由于上述原因，外在的变化会发生，但看看现在有那么多产后顺利恢复的"辣妈"，可见这些变化在产后随着激素分泌的正常、饮食结构的调整、适当的运动及家人的关爱是可以调整和恢复的。如果担心怀孕影响容貌而难以决定要不要孩子，只能说你还没有为拥有宝宝做好准备呢。

怀孕期间怕丈夫出轨

这个问题猛然一看觉得很奇怪，怀孕生孩子是夫妻双方的事情，有了孩子只会促进夫妻感情，怎么会给夫妻感情带来消极影响呢？但现实生活中确实存在这样的现象，由于妻子怀孕，不能过正常的性生活，一些丈夫就出轨了。看到诸如此类的报道，会使想要怀孕的妻子很有压力。

怀孕确实会在一定程度上影响夫妻性生活。整个孕期可以分为孕前期、孕中期和孕后期及孕36周后四个阶段。在孕前期（妊娠前3个月），一是由于胎盘没有发育成熟，胎盘与子宫壁的衔接还不严密，二是孕激素分泌缺乏，不能给予胎盘很好的保护，此时的性生活可能会导致流产。到孕中期（孕4~7个月），胎盘已经成熟，早孕反应已经过去，妊娠较安稳，不妨碍过性生活，而且适度的性生活还能促进胎儿的发育，

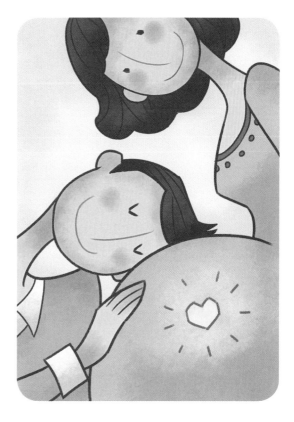

但还是应该减少次数和强烈程度。孕后期（孕8~9月），由于准妈妈体形变化较大，腹部显著隆起，身材变得臃肿，易腰酸背痛，性欲相对减弱，而子宫敏感性增强，外来的冲击容易导致早产，因此应尽量减少性生活的次数，防止发生意外。而孕36周后，胎位下降，此时性生活容易使子宫口打开，引发细菌感染，构成胎膜早破、早产和宫内感染，因此这个阶段要停止性生活。

夫妻准备要小孩前，要了解孕期性生活的规律，尤其是丈夫，心理上要做好准备，不要因为孕期性生活的减少而迁怒于妻子，更不应出轨。当妻子为怀孕而努力时，丈夫在性生活上的自我克制是

对妻子的最好支持，可以让妻子放下因怀孕使性生活减少而带来的压力，这也是夫妻双方共同努力的一种表现。

怀孕生孩子影响工作怎么办？

肖琳在目前的公司做得不错，事业正处于上升期，竞争的环境让她很担心怀孕生孩子会使她的职业发展大打折扣。

很多女性像肖琳一样是职业妇女，尤其是在私企工作的女性，当她们决定生孩子时，就会担心自己的职业发展问题。

职业的发展不仅使女性具有成就感，同时也会增加家庭的经济收入，为孩子创造更好的成长条件。职场女性最需要考虑的是生育年龄，因为这是一个不可控因素，不存在可逆性。女性最佳生育期在25~29岁，如果年龄不大，可以先考虑职业发展，等过了职位晋升的关键时期再决定生孩子的问题。如果已过了最佳生育年龄，那就需要尽快做出决定，年龄越大，怀孕的难度越大，得孕期疾病的风险越高，也会对胎儿的健康生长产生不利影响。

虽然生育可能会使女性的职业发展放缓，但准妈妈们也不要绝对地把职业发展和生育对立起来。怀孕并不意味着不能工作，而是要根据个人的身心状况和岗位特征，减轻工作强度，适当减少工作时间，尤其在怀孕的后期。如果原先的岗位需要经常出差，或工作环境对胎儿的发展具有一定的风险，那就需要调整岗位。

《中华人民共和国妇女权益保障法》第四章 劳动和社会保障权益

第二十七条　任何单位不得因结婚、怀孕、产假、哺乳等情形，降低女职工的工资，辞退女职工，单方解除劳动（聘用）合同或者服务协议。但是，女职工要求终止劳动（聘用）合同或者服务协议的除外。

《中华人民共和国劳动法》

第六十一条　不得安排女职工在怀孕期间从事国家规定的第三级体力劳动强度的劳动和孕期禁忌从事的劳动。对怀孕七个月以上的女职工，不得安排其延长工作时间和夜班劳动。

第六十二条　女职工生育享受不少于九十天的产假。

第六十三条　不得安排女职工在哺乳未满一周岁的婴儿期间从事国家规定的第三级体力劳动强度的劳动和哺乳期禁忌从事的其他劳动，不得安排其延长工作时间和夜班劳动。

准爸爸的焦虑

余毅在成为爸爸后，和他的好友（一位准爸爸）谈起成为准爸爸时的心情。由于已经想好了准备要孩子，所以，听到妻子怀孕的消息时，他很激动，但激动之余，想得更多了，包括对胎儿的健康，妻子怀孕期间的营养、情绪，家庭的经济状况，以后对孩子的教养等的思考。他对朋友坦言，当孩子真的来了，内心的压力也真真实实地来了。而当时令他更焦虑的是，因肖琳正在怀孕，自己的压力也不便和她说，只好自己憋着。好在妻子善解人意，经常和他聊聊这些问题，夫妻之间的协商使得自己的压力得以纾解。因此，他特别建议准爸爸们要和自己的妻子多多交流、协商，形成对问题的一致看法，这可以使双方的压力得以缓解，而且可以增进夫妻的感情。

女性怀孕的过程是显而易见的，胎儿在女性子宫里成长，女性承担着孕育的重任，人们的关注点大多在女性身上，现实中很少关注准爸爸们的焦虑，那么准爸爸们究竟在经历着怎样的考验呢？

怀孕的整个过程都要照顾到准妈妈的需求，而"可怜的"准爸爸们的种种体验既没有相应的支持系统，也没有获得文化的认可和支持。准爸爸在妻子怀孕时会担心胎儿的健康，担心妻子的营养是否充分，担心妻子在孕期情绪的变化，也会对随小生命而来的经济压力和家庭事务感到不安和焦虑，在妻子分娩时可能会产生害怕、恶心的感觉，害怕在分娩时失去配偶或是孩子，害怕婴儿的出生会使自己受到妻子情感的冷落，甚至还有一些准爸爸出现类似于怀孕的躯体及心理变化，即假孕症候群。

对待压力和焦虑，大多数准爸爸都采取了像余毅一开始这样的处理方式，即自己承受，不困扰怀孕中的妻子，不让妻子担忧，并认为这是男子汉该有的做法。但是研究表明，当伴侣在情绪、陪伴和性关系上均无法给予支持或满足时，准爸爸的焦虑强度便会增加。因此，准爸爸们自己默默承受压力并不是一种正确的选择。更好的做法是像余毅夫妇那样，就各自的压力和焦虑进行交流，这会使双方的焦虑都得以纾解，而且交流还会使夫妻之间的理解更深刻，双方的关系也会变得更为亲密，从而为孩子的健康成长构建一个积极的家庭氛围。

小贴士　致未来的父母

也许你无数次想象过宝宝降生的那一刻，第一眼看到他的心情。

直到那一刻真的到来，你会发现，所有的准备都失去了颜色。

从那一刻起，你的身上多了一份新职业：父母。从此，你的人生开启了新的篇章。

"为人父母比世界上任何一种角色都要矛盾，它让我们时而充满希望，时而又充满害怕；时而执拗地坚守自己的立场，时而又敞开心扉向他人求助。"

父母这一职业很复杂，你要做孩子的保护神，不让他受到伤害；你要当孩子的第一任教师，他迈开的第一步、开口说的第一句话，都离不开你的帮助……

父母这一职业也很简单，一切难题在父母对孩子的爱的力量面前都显得没有那么可怕。哪怕错漏百出，但在爱的驱使下，你会不断自省、反思、努力。

你努力成为好父母，"我要给你最好的"这样的执念经常回荡心头。但是最好的父母不是要给孩子最优越的物质条件，不是无条件地满足孩子一切需求，而是真正理解孩子，走进孩子的内心，耐心

地陪着他，走向成长。

这一路，你会经历很多挫折，也会体验到甜蜜。终有一天，你会发现，原来：我们之所以成为父母，是为了不错过人生这一场难得的修炼。它让我们带着已有的智慧、沧桑重回生命的源头，有机会破除这些年慢慢覆盖身心，如铁锈一般的偏见和我执。

我们之所以成为父母，不是要我们去书写孩子的人生，而是为了净化我们的心灵，让我们彻头彻尾地改变自己。

明白了这一点，你就会如释重负，豁然开朗了。

10

2. 物质环境的准备

准父母除了要在心理上做好准备外，在物质环境上也需要有所考虑，诸如在家庭经济、住房条件、孩子出生后谁来带、宝宝的各种用品从哪里购买等方面也要进行调整或提前安排。

家庭环境的调整

当一对夫妇准备孕育一个小生命时，对家庭环境的选择和调整是一个不容忽视的问题。良好的居住环境，不仅有利于身体健康，也有利于构建愉悦的心情，这对备孕非常有利。

住房的选择

一是要避免噪声大的区域。国家对城市区域环境噪声的标准是，白天不得超过 55 分贝，夜间不得超过 45 分贝。长期处于噪声环境，会影响人的情绪，进而导致身心疾病的产生。

二是避免有电磁辐射和有害化学物质的区域。购置住房时需要对周边环境做更深入的调查，如小区周边有没有研究试验基地，有没有化工厂等，尽量避免有害物质对自己及以后宝宝健康的影响。

三是避免空气污染大的区域。如交通主干道附近、有冒着烟雾的加工厂附近等都是需要避免的。

四是选择绿化好的小区。绿化面积大的小区，有害物质相对较少，居住舒适度会提高。

五是住房的选择要有利于孩子以后的就近入学。住房的调整不是短期行为，准父母应该考虑到孩子的入园、入学问题，与其到孩子入园入学前急着买天价学区房，不如事先考察好。准父母们要记住，在孩子低年龄阶段，就近入学是合理的选择。

卧室的选择

卧室最好选择阳光充足、通风良好、亮度适中、安静舒适的房间。房间的色调要温馨雅致，家具及物品的放置不宜过多，使卧室空间相对宽敞。

家具的选择

对备孕夫妇来说，要避免选择甲醛含量超标的家具。甲醛是一种无色气体，有特殊的刺激性气味，对人眼、鼻等有刺激作用。吸入过量的甲醛，会导致甲醛中毒，表现为无力、头痛、失眠、支气管炎、肺部损害、咽黏膜灼伤等症状，严重的可能会致癌。因此，建议孕前家庭中尽量不要添置大量的新家具，如果要添置，可以选择一些环保材质做的家具，最好到有资质的厂家购买。

家庭经济的评估与协调

小于夫妇是普通公司白领，结婚三年了，家人为他们迟迟不要孩子感到焦虑。他们不生孩子的理由，是听到同事、朋友谈论生养孩子的费用很大，而他们认为自己现在没有这个经济条件要孩子。他们一致觉得，如果不能为孩子创造更好的物质条件，不如不要孩子。

小于夫妇的看法合理吗？准备生育的夫妇，总是希望为孩子创造好的物质条件，所以希望在经济上做好充分准备。这个愿望无可厚非，问题是，要什么样的经济条件才能生养孩子？是不是一定要存够钱才能生孩子？准备生育的夫妇可以了解一下生养孩子的大致费用，以此来评估家庭的经济。

一般来说，孕前和孕后的经费支出大致在以下几方面：

孕前保健支出。主要包括备孕夫妇的营养、孕前体检等的支出。

孕期支出。在孕期，准妈妈一定要吃得营养健康、均衡。如果有准妈妈缺乏某些营养素，就需要额外补充，如钙片、叶酸、DHA、维生素片等。

孕检支出。孕期产检从孕 12 周建卡开始，一共要进行 13 次产检。如果准妈妈身体健康，费用大致在 5000 元左右，包括常规检查、唐氏筛查和 B 超等。

生产支出。在公立医院普通病房自然分娩，大致的费用是 3000元，无痛分娩约 4000 元，剖宫产约 6000 元。如果是特殊病房或贵宾房，费用会增加。

哺乳期支出。这个时期的支出主要有以下几个部分：一是哺乳妈妈的营养品；二是宝宝的奶粉及纸尿片；三是保姆费用（如果用保姆的话）。

大致了解了从孕前到产后的支出，准父母应结合自己的家庭经济条件，及时调整方向，有重点地支出。同时也应未雨绸缪地做一定的经济积累，为可能出现的支出做好相应的准备。

虽然生养一个孩子需要不少的经费，但是不是一定要像小于夫妇这样等筹够了养孩子的费用再考虑生孩子？这是没有必要的。孩子可不是一日养大的，所需的费用也是逐渐产生的，不是也不可能一次到位。再说，孩子也不需要刻意富养，理智地说，穷养富养都不如用心养，物质条件量力而行，但对孩子的教养要十足用心才好。

小贴士 生养孩子的费用（仅供参考）

1. 公立医院顺产、在家坐月子、不请保姆

5000（产检）+8000（进补）+3000（待产包）+3000（公立顺产）+1000（月子进补）+3000（新生儿用品）=23000（元）

2. 公立医院剖宫产、在家坐月子、不请保姆

5000（产检）+8000（进补）+3000（待产包）+7000（公立剖宫产）+1000（月子进补）+3000（新生儿用品）=27000（元）

3. 私立医院顺产、在家坐月子、不请保姆

5000（产检）+8000（进补）+3000（待产包）+10000（私立顺产）+1000（月子进补）+3000（新生儿用品）=30000（元）

4. 私立医院剖宫产、在家坐月子、不请保姆

5000（产检）+8000（进补）+3000（待产包）+12000（私立剖宫产）+1000（月子进补）+3000（新生儿用品）=32000（元）

了解相关社会资源

肖琳处于备孕状态后，通过和朋友们交流，获得了很多和生育孩子相关的资源信息，如从哪里获得更好的生育知识，哪个店家的婴儿产品质量好，哪个医院比较好等。她对大量的信息做了筛选，并把自己想要的信息做了记录，以备后用，她觉得自己对生育孩子越来越有底了。

有备无患适用于任何情境，包括生孩子。肖琳的做法非常合理，对于备孕的夫妇，需要了解相关社会资源信息。这些资源信息包括社区的卫生保健机构、社区的教育中心、用于产检和生产的医院、月子会所、适合孕产妇和婴儿的安全食品、孕产妇保养知识、婴儿产品可信赖的品牌等等。准父母们可以通过各种渠道了解这些资源信息，包括和已经生养孩子的人进行交流，在网上查询等。准父母提前对和生养孩子相关的各类社会资源进行了解，可以缓解养育孩子的焦虑，正所谓心中有数，做事不慌嘛。

3. 育儿知识的准备与育儿观的协调

要做一个合格的父亲或母亲，除了在心理上、物质上进行建设，也需要提前了解一些育儿知识。这可以使准父母更快地适应父母角色，为更好地养育孩子做好知识上的准备。

学习育儿知识

小春在回顾自己养育孩子的经历时，特别强调了获取育儿知识的重要性。她说自己在怀孕时，阅读了一位日本儿科医生写的关于养育一岁以内孩子的书。她觉得这位日本儿科医生非常详细地阐述了一岁以内孩子的每个成长细节，包括婴儿发展的特点、养育的方式、可能出现的病症、如何应对等等，看后受益匪浅。她作为一位新手妈妈，几乎完全遵循了书中的养育方式。她的孩子在一岁以内非常健康。

想做合格的父母，准父母们需要花一定的时间和精力学习育儿知识，主要包括和孩子身体发展相关的知识，也包括和孩子心理发展相关的知识。

与身体发展相关的知识

养育孩子，最先值得关注的是孩子身体的健康，因此，准父母们需要了解促进孩子生长发育必需的营养知识。除此以外，还要了解孩子身体动作发展的知识，包括孩子大肌肉、小肌肉发展的时序和特点等，以便于更有效地引导孩子进行适当的运动，促进孩子身体及动作的发展。

此外，准父母们也可以学习一些基本的医疗常识，掌握一些意外事故应采取的正确的急救措施。如烫伤送医前的紧急处理，孩子发高热的护理等。只有平时多学习这些基本医疗常识，在孩子生病或发生意外时，才能做出迅速而有效的处理。

与心理发展相关的知识

身体健康的知识相对来说是容易掌握的，但心理发展的相关知识，准爸准妈们是不是觉得很高深莫测，不易掌握？这样的感觉是正常的，心理学知识比较抽象，所以需要准爸准妈们多花点时间学习呢。试想一下，如果你在教养孩子时，能有基本的心理学知识做基础，你将能更好地理解孩子各种行为背后的原因，进而找到正确应对的办法。

小贴士　给父母推荐的图书

《崔玉涛图解家庭育儿》系列、《育儿百科》《发展心理学——儿童与青少年》《儿童的一百种语言》《儿童的世纪》《评价幼儿的6种简易方法》《游戏力》等。

夫妻双方育儿观的沟通

肖琳在谈到自己的育儿观念时，回顾了父母对自己的教养，很认同他们的教养行为，即父母对孩子的爱最重要，对孩子的教育应以说服为主，不要动不动就打骂孩子。余毅则认为，给孩子定规矩很重要，不守规矩就应该受到惩罚。

肖琳和余毅的教养观念有所不同，这很正常。准父母育儿观的来源有几个方面：一是参照自己父母的教养模式；二是从自己发展的历程中总结育儿模式；三是从他人成功或失败的案例中探索育儿模式。由于准父母的原生家庭背景、个人的成长经历、个性特征、知识经验等的差异，形成的育儿观也有所不同。案例中的肖琳和余毅夫妇就是如此。从他们的教养方式上看，肖琳更倾向于权威型的教养模式，而余毅则更倾向于专制型的教养模式。事实证明，不一致的教养模式不仅会经常导致父母间的冲突，也会使孩子处于矛盾、疑惑状态，对父母的教养无所适从，也可能会从父母不同的教养中找到钻空子的方法，学会投机取巧，这一定不是父母希望看到的。肖琳和余毅需要就自己的育儿观和对方进行交流，最好能相互协调，达成趋于一致的教养模式，并在以后教养孩子的过程中，根据孩子的特点，不断进行调整，发展出最适宜自己孩子的教养方式，这样才会有利于孩子更好地成长。

第 二 章

科学备孕知多少

1. 备孕期的生活方式

健康的生活方式有助于增加怀孕的机会；备孕女性的营养状况直接关系着孕育和哺育新生命的质量，对下一代的健康可能产生长期影响；要保障怀孕后大人和孩子的健康，科学助孕必不可少。

戒烟戒酒

吸烟和饮酒影响受孕与子代健康，准备怀孕前 6 个月夫妻双方均应停止吸烟、饮酒，并远离吸烟环境。

夫妻一方或双方经常饮酒、酗酒，会影响受孕和下一代的健康。酒精可导致内分泌紊乱，造成精子或卵子畸形，受孕时形成异常受精卵；影响受精卵顺利着床和胚胎发育；受酒精损害的生殖细胞形成的胚胎，往往发育不正常而导致流产。

怀孕前夫妻双方或一方经常吸烟，会增加下一代发生畸形的风险。每天吸烟 10 支以上者，其子女发生先天性畸形的风险增加 2.1%。

适量运动、不要久坐

运动可以提高抗病能力，增强机体的适应能力。其实，整个孕期都应当适量运动，更何况是备孕期。适度的运动可以保持健康体重，增强心肺功能，改善血液循环与呼吸及消化系统的功能，调节人体紧张情绪，有助于睡眠。很多人平时没有运动的习惯，怀孕以后，由于孕妇要运动，突然增加了运动量，心肺等脏器负担加重，反而会有不良反应。因此，在备孕期间，女性应该让身体逐渐适应适量运动的状态，为怀孕和产后打好基础。

少动久坐的生活方式，可导致超重和肥胖，还可诱发颈椎病、腰椎病，同时也是导致心血管疾病、糖尿病等慢性病的危险因素。

控制体重、避免肥胖

肥胖不仅影响外形，更影响着怀孕和分娩过程和结局。肥胖会增加孕产期不良事件的风险，比如死胎、早产，胎儿脊柱裂、内脏畸形等。肥胖女性最好在孕前把体重控制在理想范围内。当然，控制体重可不是件容易的事，体重降得慢没效果，降得太快会影响备孕。因此，需要咨询专业人士，用科学的方法减肥。

避开环境中的有害物质

　　注意避开和消除环境中各种潜在的危险因素：雾霾天气，减少户外活动，加强个体防护；在污染区域请戴上口罩，减少进入体内的有害气体或颗粒；注意饮用水卫生，污染的水源可能含有病菌或重金属超标。

明确的致畸物包括重金属、有机溶剂、杀虫剂、放射线等。不过，有害物质只有达到一定剂量，而且是长时间接触，才会导致胎儿畸形。工作中常接触油漆、农药、放射线等有害物质的女性，应当暂停工作一段时间后再怀孕。

至于微波炉、手机、电脑、变压器等，目前认为对孕产妇没有明确的危害，大家不必过度防护。

缓解压力，保持好心情

现代年轻人常常因为工作压力大、生活节奏快，而导致精神高度紧张，身心俱疲，甚至于出现亚健康。长此以往，将导致神经系统、免疫系统和内分泌系统功能紊乱，生理机能下降，进而影响精子、卵子的质量。备孕期，夫妻双方都需要调整工作状态，调养好精神和情绪。

备孕期，夫妻双方还应注意保持良好的卫生习惯，避免感染和炎症；保持规律作息，避免熬夜和过度劳累，保证充足的睡眠，保持愉悦的心情，准备孕育新生命。

2. 备孕期的饮食管理

说到备孕，大家最关心的就是吃了，而且关心得有点过头。怕营养不够，多吃，又担心肥胖；吃得讲究，这不能吃那不能碰，到底吃什么好？实际上，备孕期的饮食并不特殊，只要"热量合理、营养均衡"就行。

那么，什么是营养？接下来，首先得介绍一下"营养素"这个营养学的基本概念。

认识营养素

人体所必需的营养素分为水、糖类（碳水化合物）、脂类、蛋白质、维生素、无机盐（矿物质）、纤维素（膳食纤维）7类。

常量营养素，即碳水化合物、脂肪和蛋白质，它们在食品中存在和摄入的量较大。微量营养素，指维生素和矿物质，在平衡膳食中仅需少量。

水：生命的源泉。人体对水的需求仅次于氧气。人体细胞的重要成分是水，正常成人体内水分大约占体重的70%；机体的物质代谢、生理活动离不开水的参与。

碳水化合物：为生命活动提供能源的主要营养素，是人类最重要、最经济的食物。任何碳水化合物在体内经生化反应，最终均分解为糖，因此称为糖类。碳水化合物每日提供的热量占总热量的 60%~65%。也就是说，热量主要由碳水化合物提供，而不是蛋白质。

脂类：包含脂肪和类脂，是储存和供给能量的主要营养素。脂类也是组成生物体的重要成分，如磷脂是构成细胞膜的重要组分，油脂是机体代谢所需燃料的储存和运输形式。脂类作为细胞的表面物质，与免疫等有密切关系。

蛋白质：维持生命不可缺少的物质。人体组织、器官由细胞构成，而细胞结构的主要成分为蛋白质。

维生素：对维持人体生长发育和生理功能起重要作用，可促进酶的活力或为辅酶之一。维生素可分两类，一类为水溶性维生素，包括维生素 B 族、维生素 C 等。水溶性维生素占大多数，它们不在体内储存，需每日从食物中获取。另一类为脂溶性维生素，包括维生素 A、D、E、K，它们可在体内储存，不需每日提供。

矿物质：分为常量元素和微量元素。微量元素在人体内含量很少，但有其特殊的生理功能。铁、铜、锌、碘，大家应该不陌生吧！

纤维素（膳食纤维）：分为水溶性和非水溶性纤维素。水溶性纤维素可以进入血液循环，降低血浆胆固醇水平，改善血糖生成反应，影响营养素的吸收速度和部位；非水溶性纤维素不能被人体消化吸收，只停留在肠道内，可刺激消化液的产生和促进肠道蠕动，吸收水分利于排便，对肠道菌群的建立也起有利的作用。水果、蔬菜、谷类、豆类均含较多纤维素。

科学的饮食结构

饮食结构均衡，就是指按比例合理地搭配各种营养素，保证热量和营养的平衡供给。备孕期，要特别注意调整饮食结构。

《中国居民平衡膳食宝塔（2016）》是《中国居民膳食指南（2016版）》的主图形，体现了 2016 膳食指南的核心推荐内容，便于理解、记忆和实践应用。自 2016 膳食指南发布之日起，互联网、微信和微博上流传着新版膳食宝塔的不同版本。因此，中国营养学会特将"2016 膳食宝塔"图片及文字的官方版发布在其官方网站上，转载如下：

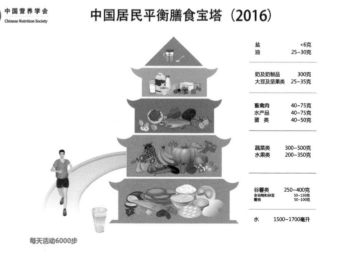

这个宝塔，就是当前最科学的饮食结构啦！

纠正不良的饮食习惯

路边烤串、麻辣烫、辣鸭脖、凉皮、甜品、奶茶等随意吃喝；大鱼大肉、生猛海鲜，大快朵颐；蔬菜不爱吃，水果吃到撑；由于工作的原因，经常一日三餐不规律；暴饮暴食情况常常存在；男性应酬的情况也很多见……为了好孕，这些不良饮食习惯，请改了吧！

有些人特别喜欢喝咖啡、可乐，吃巧克力等含有咖啡因的食品。咖啡因摄入过多，可能会影响卵子质量，从而影响女性受孕。不过，备孕期间，每天摄入200~300毫克的咖啡因还是安全的。应该在备孕期间控制摄入量；在购买任何含有咖啡因的产品前，仔细阅读产品标签说明，确认咖啡因含量。

小贴士　《中国备孕妇女膳食指南》的特别推荐

《中国备孕妇女膳食指南》（妇幼人群膳食指南修订专家工作组、中国营养学会膳食指南修订专家委员会制定）是备孕期科学饮食管理的红宝书，郑重推荐给读者们。

在一般人群膳食指南基础上，该指南特别补充了以下3条内容：（1）调整孕前体重至适宜水平；（2）常吃含铁丰富的食物，选用碘盐，孕前3个月开始补充叶酸；（3）禁烟酒，保持健康生活方式。

3. 科学助孕

从健康的角度来说，科学助孕的主要目标是提高怀孕概率、减少自然流产率、减少先天性疾病的发生。为了宝宝的健康，科学助孕必不可少。

最佳生育年龄

一般来说，女性为25~29岁，男性为25~35岁最好。因为在这个年龄阶段男女双方的生殖能力最为旺盛，精子和卵子的质量和活力最好，受孕成功率高，畸形率较低。

孕妇年龄超过 35 岁，即为高龄孕妇。不管备孕工作做得多么细致、多么全面，高龄孕妇的身体都无法达到最理想状态。高龄孕妇发生不孕、流产、胎儿畸形以及孕产期并发症的风险明显增高。这个风险一定要提前了解。

重视孕前检查

孕前检查是科学助孕的重要一环。除了排除遗传性疾病，孕前检查还可以发现许多对孕期有重要影响的疾病。

夫妻双方都应当到正规公办医院就诊！各医院项目大同小异，主要包括常规体检、病毒抗体检测、妇科 B 超、遗传病筛查等。

大部分年轻人的身体是健康的，孕前常规检查的目的是了解目前的身体状况是否适合生育。如果发现问题，尽量在怀孕前解决，免得怀孕后进退两难。比如，孕前检查中常见的女性 TORCH 检查（详见后续章节），病毒 IgM 阳性是流产的常见原因之一。如在孕前发现 IgM 阳性，可经治疗后再怀孕，避免胎儿畸形。

在怀孕之前，首先要了解女性的健康情况。对有口腔疾病史、乳腺疾病史的备孕女性来说，孕前进行口腔检查、乳腺检查等也十分必要，可以省去怀孕之后很多麻烦。

如果女性在怀孕之前患有内、外科疾病，或有遗传病，更应当进行孕前咨询，并做好身体检查，以评估疾病对怀孕的影响。比如，女性甲状腺异常是影响受孕和胎儿发育的重要疾病。甲减患者怀孕后，如果甲状腺功能没控制好，可导致胎儿智力低下、发育异常等。因此，对曾有甲状腺疾病的女性，备孕期需要监测甲状腺功能，及时治疗。

谨慎用药

药物影响可大可小。而且，不同个体对药物的不良反应存在差异。有一小部分药物可能对胚胎发育造成影响，这种影响目前还没有直接评估办法。因此，建议备孕期尽可能少用药物。

当然，如果是为了治疗疾病，那么该用什么还得用。应当在医生的指导下谨慎用药。

基础体温测定

基础体温测定，简称 BBT。它可是个科学助孕的好方法，可以监测排卵。

基础体温，指经过 6~8 小时的睡眠后、体温尚未受到运动饮食或情绪变化影响所测出的体温，是人体一天中的最低体温。对女性而言，基础体温会随着月经周期和妊娠状态的变化而变化。通常来说，月经周期中排卵以前的基础体温较低，排卵后则平均上升 0.3~0.5 ℃，一直维持到月经来潮前然后再次下降。

基础体温应在每天早晨起床前测定，醒来后不说话、不运动、不起床，马上把体温计放进嘴巴里测量，会比较准确。基础体温的测定至少以一个月为周期，持续3个月以上连续测定，以便准确地抓住排卵期。不必过分担心空调、晚睡、出差、踢被子这些情况对体温的影响，只要有一个大致的趋势就行。

观察基础体温曲线，可以大致确定女性排卵日（就是低体温和高体温交替那天），有助于提高怀孕概率。如果曲线高上去后一直不掉下来，体温一直维持在高温相，就说明有可能怀孕了哟。

很多人可能觉得每天测体温太麻烦、无法坚持。没关系，这里给大家一些小妙招：（1）购买一个测量基础体温专用的电子体温计。这种体温计的材质是塑料而非玻璃水银的，不用担心咬破。读数能精确到小数点后一位，并自动保留数据。（2）下载一个记录基础体温的 APP，选择输出图像、输出表格等方式，可以直接获得基础体温曲线，排卵期一目了然。

妇科 B 超监测卵泡发育情况，推测排卵日，会更精确。虽然预约麻烦、进行时有一定的痛苦，但这个方法目前最有效。

总之，准备怀孕的夫妻应接受生活方式及膳食指导，并进行专业的孕前体检，使健康与营养状况尽可能达到最佳后再怀孕。

当然，如果没有备孕，就怀上了宝宝，那也要恭喜恭喜！千万不要因为没有备孕，担忧宝宝的质量，甚而不安或者自责。保持轻松愉悦的心情，有利于孕期母子健康哟！

3

第 三 章

认识胎儿的发育特点

1. 肚子里的宝宝长啥样

经历过正规产前检查的准妈妈们一定都熟悉"孕周"这个名词吧！准妈妈们都得计算孕周，因为医生会按照"孕周"给您安排各种孕期检查和孕妇宣教。所以，准妈妈们一旦确定怀孕，首先得尽量回忆清楚自己末次月经的第1天是哪个日子，其学名为"月经周期"的第1天，同时也就是"孕第1周"的第1天啦。搞清楚了孕周的推算方法，下面我们按照孕周的顺序，来看看宝宝的身体究竟经历了怎样的生长过程吧。

孕2~3周

通常女性排卵的实际发生时间是月经周期的13~20天，也就是孕第2周末和第3周。卵子和精子相遇并形成受精卵，新生命开始了！受精卵就是一个精力充沛的大块头细胞，它呈几何级数进行分裂，1变2，2变4，4变8……细胞数目迅速增加。胚胎发育的早期阶段，一个受精卵经过多次分裂，形成具有数十至数百个细胞的细胞团。这个细胞团形状像桑葚，故称为"桑葚胚"。

桑葚胚在不断进行细胞分裂的同时，通过输卵管和子宫交界处，逐渐向下移行到子宫腔，就这样边分裂，边旅游。桑葚胚进入子宫腔后，需要花上一些时间在子宫内找个舒适的地方安家，医学专业术语叫"着床"。这大约就是孕第3周末或第4周初的时候。

孕4~5周

胎儿在这个阶段还不能叫胎儿，只能叫胚胎或胚芽。

小胚胎大约长6毫米，有苹果籽那么大，外观像个小海马。

关于这个阶段，好多文章都会提到"三胚层"。那是什么？简单解释一下。胚胎在子宫内着床后，迅速向四周伸展，一端的细胞团内开始有一层扁平细胞分化出来，成为胚胎的原始内胚层。其余较大的细胞就变成柱状细胞，形成胚胎的原始外胚层。原始内、外两胚层呈现出圆盘状，称为"胚盘"，胚盘长约2毫米。孕4周末，在胚盘内、外两胚层之间，由外胚层分化出一层细胞，形成胚内中胚层。到现在为止，中、内、外三胚层就形成了。三胚层是胎儿身体发育的始基。这三个胚层将分别分化成不同的组织。

请注意：大脑和心脏开始发育了！神经系统和循环系统最先开始分化。这个时期的神经、心血管系统最敏感、最容易受到损伤。因此这个阶段禁止接触X光及其他射线。

孕第6周

胚胎正在迅速地成长，像颗小松子仁。

肾和心脏的雏形已经形成。心脏已经开始有规律地跳动，并且开始供血。

脑和脊髓的原型出现，神经管开始连接大脑和脊髓。

肝脏明显发育。血液循环建立。

胎盘雏形形成，长度约5毫米，不足1克重，没有明显的形状。与母体相连的脐带也开始形成。

孕第7周

胚胎大小就像一颗豆子。

此时的胚胎有一个特别大的头。大头与身体不成比例。面部器官已可分辨，在眼睛的位置会有两个黑黑的小点，鼻孔开始形成，耳朵部位也可识别出来。胚胎的手臂和腿开始伸出嫩芽，手指也从现在开始发育。

心脏开始划分成左心房和右心室。每分钟的心跳可达150次，是成人心跳的两倍。此时还听不到胎心。

肌肉纤维已经发育。脑垂体也开始发育。

孕第8周

进入第8周后，胎儿已经初具人形。但是小宝宝现在仍被称为胚胎。它的身体还有个小尾巴。

胚胎内各种复杂的器官都开始成长，脑、脊髓、心脏、肝、肾、胃都已具备雏形。

心脏已经发育得非常复杂。心脏的上方有少量的弯曲形成。大动脉和肺动脉瓣在心脏里清晰可见。

眼睑开始出现褶痕，鼻子部位开始倾斜，耳朵继续成形中。

胳膊在肘部变得弯曲。手指和脚趾间有轻微蹼的痕迹。

牙和腭部开始发育。您一定听说过"兔唇"吧！学名是"唇裂""腭裂"，这种疾病就是该阶段腭部的发育畸形。

胎儿的皮肤很薄，是透明的，血管清晰可见，像一条可爱的娃娃鱼。

胚胎开始运动，在羊水中潜泳，呵呵！当然，孕妈妈还感觉不到。

孕第9周

从现在开始，我们可以把胚胎称为"胎儿"了，长度大约21毫米。

目前是一个临界点，是整个孕期的关键时期。整个胎儿的变化很大！猜猜看，可能有哪些变化呢？

哈哈，胚胎期的小尾巴终于消失了。胎儿不断地动来动去，不停地变换着泳姿。

所有的器官、肌肉、神经都开始工作，并且发育迅速。

胎儿的胳膊已经长出来了。手部从手腕开始变得稍微有些弯曲，两手在心脏区域相交。腿在变长。双脚开始摆脱蹼状的外表，并且已经长到能在身体前部交叉。

孕第10周

胎儿的形状及大小像一个扁豆荚。用手指比画一下，感觉还是好小啊，呵呵！不过，此时的他已经做好了迅速长大的准备，不久就会让你大吃一惊。

胎儿基本的细胞结构已经形成，身体所有的部分都已经有模有样了。

胳膊、腿、眼睛、生殖器以及其他器官初具规模，但是这些器官还处于发育阶段，都没有成熟。

胎儿的眼皮开始黏合在一起，直到第 26 周以后才能完全睁开。

手脚发育完成。手指和脚趾清晰可见。手臂更长而且肘部变得更加弯曲。

孕第11周

胎儿的生长速度加快，各器官进·步发育。他已经在你的子宫内开始做吸吮、吞咽和踢腿的动作。

维持生命的器官已经发育成熟，肝脏、肾、肠、大脑以及呼吸器官开始工作。

身体的许多细微之处开始显露出来。比如，手指甲、绒毛状的头发等。

胎儿的生殖器开始成长，从外表上很快就可以分清宝宝是男孩还是女孩了。

此时，孕早期快结束了，胎儿大得充满了整个子宫。

孕第12周

胎儿初具人形，大头约占身体的一半。

手指和脚趾已经完全分开，部分骨骼开始变得坚硬，并出现关节雏形。

宝宝经常在忙碌地运动，时而踢踢腿，时而伸伸腰，仿佛在跳芭蕾，哈哈！

胎盘尚未完全形成，胎儿与妈妈的联系还不是特别牢固。

孕第13周

进入孕中期，胎儿看上去更像一个漂亮宝贝了。宝宝身长约76毫米，体重比上周稍有增加。

身体正在迅速成熟。

眼睛突出在头的额部，两眼之间距离开始缩小。眼睑仍然紧紧地闭合。耳朵也已就位。

肝脏开始制造胆汁。肾脏开始向膀胱分泌尿液。

神经细胞迅速增多，神经突触形成，条件反射能力加强。

手指开始能与手掌握紧，脚趾与脚掌也可以弯曲。

腹部与母体连接的脐带开始成形，可以进行营养与代谢废物的交换。

孕第14周

宝宝的手指已经开始长出代表个人特征的指纹。

如果是女宝宝，其卵巢已经形成，并具有大约200万个卵细胞。出生时仅存100万个。

孕第15周

宝宝的头顶上开始长出细细的头发。

薄薄的皮肤上有一层细绒毛，好像一条细绒毯裹在身上。这层绒毛通常在出生时消失。

部分肌肉开始工作。宝宝开始做很多动作。比如，双手握紧、吸吮大拇指、眯着眼睛、皱皱眉头、扮个鬼脸等。这些动作可以促进宝宝大脑的发育。

孕第16周

宝宝看上去像个梨子，大小差不多可以放在你的手掌里。

这个时期胎儿的生长发育很快。体内所有的重要器官已发育形成。

头发、眼、眉、睫毛、手指甲和脚指甲也开始生长。

声带和味蕾开始发育。

宝宝开始学会轻轻地打嗝了，但是你听不到打嗝声。因为胎儿的气管中充满了羊水，而不是空气。

小耳朵已经能够听到子宫外面的声音。从16周到19周，胎儿的听力形成。此时的宝宝能听到妈妈心脏跳动的声音、大血管中血流的声音、肠子咕噜噜的声音。宝宝最爱听的当然是妈妈温柔的说话声和歌声。

胎儿的生殖器官已形成，用B超可分辨出胎儿的性别了。国外允许看性别，我国是法律禁止的哟。

孕第17周

宝宝的器官发育持续进行。

尿道开始工作。

宝宝开始平稳地吞入和吐出羊水。

肺发育得更强壮，以利于将来适应子宫外的空气。

宝宝对你的触压有了感觉。当你用手触摸自己的腹部时，胎儿会有轻微反应。

宝宝已经长出了脐带，经常会用手抓住脐带。

孕第18周

宝宝身长接近 14 厘米，体重约 200 克。

骨骼差不多已成为类似橡胶的软骨，以后会逐步硬化。

借助听诊器，可以听到胎儿的心音。

你可以感觉频繁的胎动了。

孕第19周

宝宝约有 15 厘米长。

因呼吸动作，胸腹不时起伏，但在宝宝的口腔里流动的是羊水，而不是空气。宝宝在母体内不用肺呼吸，肺是压缩的。直到出生后片刻，肺才张开，这时宝宝才用肺呼吸，和外界进行气体交换。

你能感觉到胎儿的运动，此阶段胎儿经常踢腿、屈体、伸腰、滚动、吸吮自己的拇指，胎动平均每小时 3~5 次。

孕第20周

现在宝宝的感觉器官进入成长的关键时期，大脑开始划分专门的区域，分别掌管嗅觉、味觉、听觉、视觉以及触觉。

神经细胞数量的增长开始减慢，但是神经细胞之间的相互联通开始增多。

肾脏已能够分泌尿液，同时宝宝开始吞咽羊水。

头发迅速生长。

孕第21周

宝宝的体重正在不断增加。

身体变得滑溜溜的，因为宝宝皮肤外面覆盖上了一层白色的、滑腻的物质，它就是"胎脂"。它可以保护胎儿的皮肤，以免在羊水的长期浸泡下受到损害。有些宝宝在出生时身上都还残留着这些白色的胎脂。

孕第22周

宝宝的体重大约已有 450 克，身长约 19 厘米。

眉毛和眼睑已经清晰可辨。

小手指上长出了娇嫩的指甲。

孕第23周

宝宝看起来已经很像一个缩小版的婴儿了。身长大约 20 厘米，体重在 500 克左右。

这时宝宝的皮肤是红红的。由于皮下脂肪尚未产生，皮肤皱巴巴的，样子像个小老头。皮肤皱，是给皮下脂肪的生长留有余地。

胰腺及激素的分泌处于稳定的发育中。

嘴唇、眉毛和眼睫毛已清晰可见。

视网膜已形成，具备了微弱的视觉。

在牙龈下面，乳牙的牙胚也开始发育了。

胎动次数有所增加，动感更加明显。

孕第24周

宝宝体重约有 560 克。

听力有了进一步发展，可以听到母亲各种说话的声音。一些较强的外界噪声，会使胎儿躁动不安。

呼吸系统仍在发育。

宝宝不断吞咽羊水。

孕第25周

体重稳定增加，约有 680 克。

皮肤很薄，还是有不少皱纹。几乎没有皮下脂肪。

全身覆盖着一层细细的绒毛。

身体比例较为匀称。

孕第26周

宝宝的体重在 800 克左右，身长约 34 厘米。

皮下脂肪开始出现，全身覆盖着细细的绒毛。

肺部尚未发育完全。

眼睛已能够睁开。视觉有了发展。

体形较瘦。

孕第27周

宝宝体重大约 900 克，身长约 38 厘米。

头上长出了短短的胎发。

男孩的睾丸尚未降下来，女孩可以看到突起的小阴唇。

听觉神经系统已经发育完全，对外界声音的刺激反应更为明显。

气管和肺部还未发育成熟，但呼吸动作仍在继续。

孕第28周

宝宝生长非常迅速，体重已有 1100 多克。哇哦，2 斤多了耶！现在国内的早产儿救治技术很发达，这个体重，万一早产，也有存活的可能了。

眼睛既能睁开也能闭上。

形成了自己的睡眠周期。

脑组织快速增殖，脑活动非常活跃。大脑皮层表面开始出现一些特有的沟回。

宝宝活动明显，经常会把自己的手指放到小嘴巴里去吸吮。

孕第29周

从孕第 29 周到孕第 40 周理论上都称为孕晚期。对有些孕妇来说，这个阶段可能更长一些，会延长到第 41 周。不过，通常在第 41 周以后会进行催产，以免胎儿过熟、胎盘老化，或发生其他危险。

此时，宝宝体重大约为 1300 克，身长约 43 厘米。

当有光源从子宫壁外透射进来时，宝宝会睁开眼睛，把头转向光源。

皮下脂肪已初步形成。

手指甲已能看得很清楚了。

孕第30周

男孩的睾丸正从肾脏附近的腹腔，沿腹股沟向阴囊下降。女孩的阴蒂已经很明显。

头部继续增大，大脑发育非常迅速。神经系统已经较为发达。

肺部的发育正趋于成熟。

皮下脂肪继续增多。

骨骼、肌肉日渐成熟。

孕第31周

体重迅速增加，身长增长趋缓。

肺部和消化系统已基本发育完成。

眼睛时开时闭，大概已经能够看到子宫里的景象，能辨别明暗，跟踪光源。

随着身体的增大，宝宝在子宫内的活动空间越来越小了。

孕第32周

宝宝的体重又有新突破了，现在达到 2 千克左右，身体棒棒哒！

全身的皮下脂肪更加丰富，皱纹减少，看起来更像婴儿了。

胎动次数比原来少，动作也减弱，不像原来那样在妈妈肚子里翻跟头了。

肺接近成熟，已具备呼吸能力。但此时宝宝仍然不用肺进行呼吸。

胃肠功能已接近成熟，能分泌消化液。

宝宝喝进的羊水，经过膀胱、尿道再排泄回羊水中。

孕第33周

宝宝在出生前的最后七八周内体重猛增。这是在为宝宝出生后的母体外生活做准备。

皮下脂肪快速积累，皮肤已经开始变得富有光泽，身体开始变得圆润。

有的宝宝长出了满头的胎发。

指甲已长到指尖，但一般不会超过指尖。

生殖器官发育也接近成熟。如果是个男孩，睾丸很可能已经从腹腔降入了阴囊；如果是个女孩，大阴唇已明显隆起。

子宫里的空间几乎被宝宝占满，宝宝的活动余地很小。

有些宝宝的头部已开始降入骨盆。

孕第34周

宝宝体重大约2300克。

此时宝宝自己已经为出生做好了准备，大多将身体转为头位，即头朝下的姿势。但这时胎儿姿势尚未完全固定，还有可能发生变化，需要密切关注。胎位是否正常直接关系到孕妇是否能正常分娩，如果胎儿臀部向下，或是有其他姿势的胎位不正，医生会采取措施进行纠正。

宝宝的头骨很柔软，每块头骨之间留有空隙。这是为了保证在分娩时，头部能够顺利通过狭窄的产道。

孕第35周

宝宝越长越胖，变得圆滚滚的。体重一般约 2500 克，身长达到 46 厘米左右。如果在此时出生一般都能够成活，存活的可能性为 99%。

皮下脂肪发育较好，将在出生后起到调节体温的作用。

中枢神经系统尚未完全发育成熟。

听力已充分发育。

孕36周

宝宝体重大约已有 2800 克，身长接近 50 厘米。现在的宝宝是当初胚芽体积的 1000 倍。

指甲又长了。

两个肾脏已发育完全。

肝脏已经能够处理一些代谢废物。

子宫内的羊水比例减少，胎儿所占的体积增加。

准妈妈的腹壁和子宫壁很薄，因此会有更多的光亮透射进子宫。这会帮助胎儿逐步建立起自己每日的活动周期。

孕第37周

进入怀孕的最后阶段，宝宝的体重将以每天 20～30 克的速度增长。现在的体重约为 3000 克，身长 50～51 厘米。

到这周末你的胎儿就可以称为足月儿了（38 周到 40 周的新生儿都称为足月儿）。通常在分娩前 2~3 周，胎儿入盆，进入分娩流程的第一步。这意味着，宝宝很快就会降临人间！母子很快就要见面了！

宝宝个体之间的差异较大、胖瘦不一。体重只要超过 2500 克就属于正常。只要宝宝发育正常，不必在意他的体重。

孕第38周

宝宝体重约 3200 克，身长 50～52 厘米。

身体各部位继续生长。

很多宝宝的头发已经长得很长，而且比较浓密，大约有 1~3 厘米长。有的是直发，有的是卷发；有的头发黑，有的头发黄。这些差异受遗传和营养因素影响。当然，也有一些胎儿一点儿头发都没长。

宝宝身体上原本覆盖着的那层细细的绒毛和大部分白色的胎脂逐渐脱落。这些物质及其他分泌物随着羊水一起，被宝宝吞进肚子里，经过肠道变成黑色的胎便，在宝宝出生后的一两天内排出体外。

宝宝的头在准妈妈的骨盆腔内摇摆，周围有骨盆骨架安全地保护着。

孕第39周

宝宝仍在继续长肉，现在的体重应该有 3200~3400 克。一般情况下，男孩比女孩略重一些。

皮下脂肪还在继续增长。脂肪的储备有助于出生后的体温调节。

肺是最后一个发育成熟的器官，出生后才能建立起正常的呼吸模式。

宝宝现在不太爱活动了，这是因为头部已固定在骨盆中。宝宝更多地将会是向下运动，压迫孕妇的子宫颈。

孕第40周

大多数宝宝将在这一周出生。

羊水因身体表面绒毛、胎脂的脱落，以及其他分泌物的产生，由原来的清澈透明开始变得有些浑浊，呈乳白色。

胎盘的功能从此逐渐退化，直到胎儿娩出即完成使命。

真正能准确地在预产日期出生的婴儿只有 5%。因为在计算预产期时已包括了合理误差，提前两周或推迟两周都是正常的，不必过于着急。

但如果比预产期推迟两周，仍然没有临产迹象，特别是胎动明显减少时，就应该尽快去医院。

2. 衡量胎儿生长发育的指标

准爸妈们一定很在意腹中胎儿的生长情况吧。网上可以查到一些各孕周胎儿的生长指标数据信息，准妈妈可能会对照自身情况进行比对。但是，网络资源有时会以讹传讹，不可尽信哦。遇到问题，不要自己吓唬自己，务必听医生的建议。现在简单介绍一些常用的胎儿生长发育指标。

双顶径（BPD） 双顶径是指胎儿头部左右两侧之间最宽部位的长度，又称为"头部大横径"。随着孕周的增加，双顶径逐渐增大。医生常常用它来观察胎儿发育的情况，判断是否有头盆不称，能否顺利分娩。

腹围（AC） 腹围指胎儿肝脏及胃所在平面的腹周长度，提示胎儿腹部的发育情况。在妊娠晚期，脂肪的堆积及肝糖原的储存导致胎儿体重的增加。这在超声测量中，即表现为腹围增加。腹围能较好地反映胎儿体重情况。

股骨长（FL） 股骨长指胎儿大腿骨的长度。

头围（HC） 头围指从胎儿前额的鼻根部到后脑的枕骨隆突环绕一周的长度。

腹部大血管脐动脉 S/D 胎儿脐动脉收缩压与舒张压的比值，与胎儿血供情况相关。正常妊娠情况下，随着孕周的增加，S 下降、D 升高，比值下降。接近足月时 S/D 小于 3。当胎盘功能不良或脐带异常时，该参数出现异常。

胎盘成熟度　超声检查有时会报告这项指标。胎盘成熟度分为 3 级：1 级为胎盘成熟的早期阶段，在孕 30~32 周可见到此种变化；2 级表示胎盘接近成熟；3 级提示胎盘已经成熟。越接近足月，胎盘越成熟。

羊水多少　羊水的检测值可以间接地判断胎儿有无异常。羊水测量有两种方法，一种是测羊水深度，另一种是测羊水指数。目前，医生多采用羊水指数法，正常范围是 8~18 厘米。如果羊水过多，提示胎儿的神经管或消化道有可能存在异常；如果羊水过少，则可能是胎儿泌尿系统有些问题。

胎动　胎动是用来预测胎儿在宫内安危的重要信号。孕妇大约在孕第 18 周可以感受到胎动。随着孕周的增加，孕晚期胎动较为明显。接近分娩时，胎动减弱。后续有专门章节讲述胎动趣事哟。

3. 胎儿体重监测

　　胎儿体重，作为胎儿生长情况的重要指标之一，是准爸妈们关心的焦点。预测胎儿体重意义重大哦！在整个孕期，医生依据胎儿体重来指导孕妇的合理营养，保证胎儿正常生长；在孕晚期，通过预测胎儿体重，可以对分娩方式的选择进行指导。

传统评估方法——量腹围和宫高法

　　医生通过腹部触诊，测量出宫底高度（宫高）和腹围，进而估计胎儿体重，这是一种简单易行的办法。

　　宫高和腹围的具体测量方法：孕妇排空膀胱，平卧位，用软皮尺测量。在脐水平处测量腹部周长为腹围，从耻骨联合上缘中点至宫底中点的弧形距离为宫高。

　　公式：胎儿体重（克）=宫高（厘米）×腹围（厘米）±200。

　　若胎儿先露部位已入盆，且位置比较低，公式采用加200；若胎儿先露部位未入盆，公式则可酌情减200。由于受到腹壁厚度、子宫张力、羊水量、胎位等多种因素的影响，这种方法估计胎儿体重不够精确，但是方便快捷，可以作为临床筛选应用。

准妈妈们在每次产检时，都必须测量腹围和宫高。现在知道它们在估测胎儿体重方面的妙用了吧。

如果在常规产检中发现异常，将进一步进行超声检查。即使常规产检正常，医生也会定期对胎儿进行超声检查，以便对胎儿体重和其他指标进行较为准确的预测。

超声评估法

超声检测技术改变了传统评估胎儿体重的方法，克服了传统测量的缺点。超声评估操作方便，对母儿安全性高。超声估测胎儿体重是准确可靠的，通常预测体重与出生体重之差 ≤ 250 克。有较大误差者，往往发生在较大或较小出生体重儿。不少准妈妈可能会抱怨 B 超测出的胎儿体重"不准"。有的产妇反映，宝宝出生时只有 3 千克，而 B 超评估的是 4 千克。因为 B 超的评估提示宝宝太大，害怕难产，只好选择剖宫产。

其实，B 超评估体重还是比较准确的，准确率至少能达到 90%。我们来了解一下原理吧。

目前常用的 B 超体重预测是通过对胎儿多项径线的测量，利用数理回归法所得的计算式来估计胎儿体重。常用到的测量径线有双顶径（BPD）、股骨长（FL）、腹围（AC）、头围（HC）等。B

超先测量这些径线值，再由软件计算得出体重评估值。操作失误和机器本身的问题，都有可能造成误差。到了孕晚期，胎儿的体重几乎每天都会有变化。因此，B超测量时间也是误差产生的原因之一。

胎儿的体重是否达标，以什么作为标准呢？肚子里宝宝的体重值估测出来了，但怎么知道是否正常呢？如果想要知道胎儿的体重达标或超标，就要和相同孕周的胎儿体重标准值进行比对。

医学研究者对大样本量的胎儿体重进行统计，计算出平均值和标准差，每个孕周都会有相应的标准值范围。这些数值汇总成表格，供人们查阅。怀孕的周数不同，就会出现不同的标准值范围。胎儿的体重差异范围本就非常大，只要预估体重在前后两周内的标准值范围内，都是可接受的。

通过以上介绍，各位准妈妈想必对胎儿体重估计的方法有了初步了解吧。

小贴士

胎儿体重只是胎儿发育众多指标之一。胎儿的发育情况需要医生根据多项指标进行综合判断。

第 四 章

胎儿异常发育

1. 病毒对胎儿的影响——TORCH

孕期有个检查项目——TORCH筛查，貌似挺神秘和深奥的。网上查到的说法，有些看起来很吓人。为此，有必要专门给大家解释一下这个"TORCH"。

TORCH是一组广泛传播的病原微生物。TORCH一词由Nahmias于1971年命名，是由几种病原微生物的英文名称首字母组成，包括弓形虫（TOX）、风疹病毒（RV）、巨细胞病毒（CMV）、单纯疱疹病毒（HSV）以及其他病原体（OTHER），合并简称为"TORCH"。

这些病毒可导致宫内感染，与不良妊娠结局和出生缺陷之间有很高的相关性。准妈妈如果在怀孕前后感染了以上这些病原微生物，不但自身可能患病，还可导致胎儿罹患先天性疾病。有些医院开展的"优生5项"或"优生4项"，就是针对弓形虫（TOX）、风疹病毒（RV）、巨细胞病毒（CMV）、单纯疱疹病毒（HSV）这4种病原微生物进行的筛查。

母体受到病原微生物感染后，可有三种不同的结局——无影响、自发性流产和先天性病毒综合征。准妈妈在怀孕初的3个月以内，如果感染了TORCH病原体，则胎儿发生流产或先天性疾病的可能性较大。其致病机理在于病原体通过呼吸道黏膜、口腔、生殖道以及破损皮肤等，进入母体血液中，造成母体的病毒血症，进而通过胎盘累及胎儿，形成宫内感染，最终影响胎儿的发育，导致胎儿畸形。

弓形虫（TOX）

弓形虫是一种医学原虫，属于球虫寄生虫，也叫"弓形体"。它可引起"弓形体病"。弓形体病是一种人畜共患疾病，广泛分布于世界各地。由猫狗等宠物传染给人的可能性较大。孕妇急性感染时，也就是指怀孕前没有感染、怀孕时初次感染者，弓形虫可通过胎盘感染胎儿。妊娠早期感染者可引起流产、死胎、胚胎发育障碍；妊娠中晚期感染者，可引发胎儿生长迟缓和一系列中枢神经系统损害（如无脑儿、脑积水、小头畸形、智力障碍等）、眼损害（如无眼、单眼、小眼等）以及内脏的先天损害（如食管闭锁）等，严重威胁胎儿健康。

风疹病毒（RV）

风疹病毒含单股正链 RNA，直径为 60 纳米。风疹病毒容易感染的人群为 5 岁以下儿童和孕妇。对儿童来说，风疹是一种症状较轻的出疹性疾病。怀孕时病毒对胎儿发育可能有破坏性影响，与不可预知的流产和严重先天畸形有直接关系。

孕妇感染风疹病毒大多发生在孕 6 周前，可致流产、死胎。

若胎儿存活，出生的婴儿可能发生先天性风疹综合征（CRS），表现为先天性白内障、先天性心脏病、神经性耳聋、失明、黄疸、肝脾肿大、溶血性贫血、小头畸形等，新生儿死亡率较高。多数 CRS 患儿表现为持续性的神经运动缺陷，以后还可出现肺炎、糖尿病、甲状腺功能障碍、进行性全脑炎。

胎儿感染率、出生缺陷率与母体感染时的孕周有关。母体感染后发生胎儿先天缺陷的风险局限在妊娠 16 周前；孕 20 周后感染导致新生儿先天性疾病的风险很小，但可能导致胎儿发育迟缓。

巨细胞病毒（CMV）

巨细胞病毒（CMV）属人类疱疹病毒科，直径为 180~250 纳米，具有双链 DNA。CMV 感染在人类非常普遍，多数人在儿童或少年期受 CMV 感染而获免疫保护力。成人 CMV 感染多见于免疫功能受损者。

CMV 可通过胎盘感染胎儿，是引起胎儿畸形的主要原因之一。孕妇感染 CMV 后，常导致早产、流产或胎死宫内。出生后的新生儿会出现黄疸、肝脾肿大、血小板减少性紫癜、肺炎，并可伴有中枢神经系统损害。部分患儿可有小头畸形、行动困难、智力低下等现象。有些感染 CMV 的胎儿，出生时可能不出现异常，但出生数月或数年后发生中枢神经系统损害，如智力低下及耳聋等。

单纯疱疹病毒（HSV）

HSV 属疱疹病毒科，病毒颗粒直径为 150~200 纳米，具有双链 DNA。单纯疱疹病毒分为两个类型，即 Ⅰ 型 (HSV-Ⅰ) 和 Ⅱ 型 (HSV-Ⅱ)。

HSV-Ⅰ感染占 95%，主要引起生殖器以外器官及皮肤黏膜的感染。比如，疱疹性口腔炎、疱疹性角膜结膜炎、疱疹性脑膜炎等。此型病毒很少感染胎儿。

HSV-Ⅱ感染主要引起生殖器及腰以下皮肤疱疹，是性病。此型病毒多会感染胎儿。孕早期感染者，能破坏胚芽而导致流产。孕中晚期感染者可导致胎儿智力障碍、脑内钙化、白内障、心脏畸形、视网膜异常等。如果孕妇产道有 HSV-Ⅱ 感染，胎儿经产道出生时也会受感染而发病。

对母体来说，由于 TORCH 感染无特殊的临床表现，因此不容易诊断，得不到重视；对胎儿和新生儿来说，孕期 TORCH 感染的后果可以很轻，也可以很严重。

准妈妈们不必恐慌哈！母亲感染并不意味着必然发生胎儿宫内感染，胎儿感染也未必一定会发生严重的后果。安全起见，可以考虑在孕前进行 TORCH 筛查。

2. 早产儿知多少

早产宝宝没在妈妈子宫内生长成熟，就过早地来到了这个世界，尚未准备好的爸爸妈妈想必是喜忧参半吧。早产宝宝身体各个器官均发育不成熟。如果不能合理喂养，提供充足适宜的营养，极易出现生长迟缓，会对健康造成不可弥补的影响。

中国采用 WHO 的定义，早产孕周为 28~37 周；而包括美国在内的发达国家的早产孕周定义为 24~37 周。中国每年有 200 万名早产儿，全球每年有 1500 万名早产儿。由于对引起分娩开始的机理尚不十分明了，因此关于早产的原因至今仍有许多不明之处。根据孕周，又可分为极端早产（<28 周）、早早产（28~34 周）和中晚早产（34~37 周）。

早产儿可以救治！

在发达国家，半数孕 24 周出生的早产儿是可以生存的；在低收入国家，孕 32 周出生的早产儿中有一半左右因缺少保温、喂养等有效护理条件，或因缺乏疾病治疗技术而死亡。

发达国家的早产儿救治技术相当了得，让人叹为观止！2004 年出生于美国伊利诺伊州的 Rumaisa Rahman 出生时只有 260 克，这个小姑娘不到一个巴掌大小，是世界上"最小的婴儿"。她的双胞胎姐妹 Hiba 也只有 595 克。这对双胞胎小宝宝在子宫里只待了 25 周。她们的妈妈患有先兆子痫，在孕 25 周时出现了非常严重的高血压，威胁到生命。为了抢救妈妈的生命，医生采取了紧急剖宫产干预。孩子们安全出生并存活了。2006 年 10 月 24 日，Amillia Sonja Taylor 迫不及待地来到这个世界，她只在子宫里住了 21 周加 6 天，是世界上"最年轻的婴儿"。Amillia 是人工授精的宝宝，出生时只有 250 克左右。在医院住了 4 个月之后，她长到了 1800 克，成功出院回家了。

早产儿是多种疾病的高危人群

下面引用一些统计数据来看看早产儿常见并发症的发病情况，数据可能有一些偏差，但足以说明问题了。

早产与 75% 的新生儿死亡相关，与 50% 儿童期发现的长期神经系统损害有关。

早产儿近期影响:(1)呼吸系统疾病，如呼吸暂停、新生儿呼吸窘迫综合征、支气管肺发育不良等。(2)心功能不全。(3)脑损伤。(4)感染。(5)消化系统疾病。此外，早产儿还要面对贫血、黄疸、血糖异常及营养支持等问题。极端早产儿更易出现血糖异常和血压异常。

远期可能出现的影响：（1）脑瘫：早产儿脑瘫发生率为3%；出生体重≤1500克的脑瘫发生率是10%~15%；脑室内出血发生率在50%以上。（2）智力低下：孕37周以前出生的早产儿智力低下发生率为7.8%。（3）视听障碍发生率：出生体重≤1000克的早产儿9%有视觉障碍，11%有听觉障碍。（4）行为障碍：早产儿进入学龄期后可能出现行为问题，55%存在学习困难，20%需要特殊教育。

但也不必悲观！牛顿是一个早产儿，出生时只有1400克。接生婆和他的亲人都担心他活不下来。谁也没有料到这位科学巨人，竟活到了85岁高龄。奇迹般活下来的早产儿中不乏伟大人物，如"发明大王"爱迪生、"铁腕首相"丘吉尔、维克多·雨果、马克·吐温……

早产可以预防！

经阴道超声测量宫颈管的长度是有效的早产风险筛查手段，但因全面开展筛查的必要性受到质疑，未能用来在人群中开展普遍筛查。补充孕激素、宫颈环扎术、宫颈托，这三种方法是目前公认的预防手段。现有技术条件下，预防早产的目标不能太高，能够延长孕周，提高早产儿的存活率就已经很好了。

发达国家的研究证据认为，孕34周之后不再积极保胎，可根据具体情况结束妊娠。因为34周之后新生儿不良预后的发生率大大降低。但在中国，还要综合考虑当地新生儿科的医疗水平。出生时的成熟度和医疗护理条件，将影响早产儿的存活率和未来生存质量。

3. 双胎风险

双胞胎，么么哒！如果能一次生两个宝宝或多个宝宝，该是多有福气啊！但是，您知道双胎或多胎妊娠的风险吗？

双胞胎一般分为双卵双胎和单卵双胎。前者属于双绒毛膜双羊膜囊，即有两个胎盘，独立性相对较好；单卵双胎，因共用一个胎盘，两胎儿之间 80%~90% 的血管是相通的，胎儿患并发症的概率会增大。双胎特殊并发症包括双胎输血综合征、选择性生长受限、动脉反向灌注序列、贫血－多血质序列等。名称很复杂，很拗口。此处简单介绍一下双胎输血综合征。其他的太专业，难以解释清楚，略过。

双胎输血综合征，是单卵双胎常见的一种并发症。这种病在有些地方的民间说法叫"一个孩子吃另一个孩子的血"。胎儿一大一小，小胎儿作为供血方，不断给大胎儿输血，越长越小；而大胎儿被迫接受大量血，逐渐出现胎儿水肿。

北京大学第三医院妇产科成功治疗了一个这样的病例，事情经过非常感人（引自该院微信公众号）。

某孕妇惊喜地怀上了双胞胎。可是，在孕25周B超检查时，被告知双胞胎孩子一个大一个小，并且两个孩子的羊水量相差很多。医生初步诊断是双胎输血综合征。由于以前对这种疾病的认识不足，很多患此疾病的孕妇都选择了引产。该夫妻一直想要孩子，好不容易才怀上，还是双胞胎，真是无比珍贵！但是，现在必须面对胎儿生死攸关的命运。患者辗转来到了北医三院，经过一系列检查后，被确诊为双胎输血综合征IV期。北医三院产科专家立刻会诊，经充分论证后，决定采用"胎儿镜激光电凝胎盘吻合血管术"，通过激光来凝固、阻断两个孩子的血流交换"通道"。单听这名称，也能立马感受到这技术的尖端、高大上！手术医生要在胎儿镜下识别不同类型的吻合血管，并且有选择地进行凝固。有的血管直径甚至只有1毫米，难度可想而知。经过急诊手术，双胞胎可以在子宫内继续存活，父母喜极而泣。几个月后，经剖宫产诞生了两个健康男婴。

单卵双胎约10%会并发双胎输血综合征。发病孕周常见于16~26周。若不积极治疗，两个胎儿的死亡率高达80%~100%。因此，应在妊娠6~14周内超声检查确定绒毛膜性质，妊娠16周开始每两周一次B超检查，监测胎儿生长情况、血流、羊水等，以便及早发现异常情况，早诊早治。

4. 自然流产

"流产"是令准妈妈们担心和困惑的话题。各式各样离奇的故事、不靠谱的推荐、奇葩的做法真是让人无语。希望本节的知识，可以让大家对流产有个正确的认识。

自然流产

怀孕是一个自然选择和自然淘汰的过程。导致自然流产最主要的原因是胚胎染色体异常，比例大约为 50%。这种情况无论你怎么做，注定要流产，即使天天打黄体酮也没有用，也不必卧床休息。你想想，走走路，甚至打个喷嚏就会流产的胎儿，就算保住了，能好吗？

其他常见原因为母体因素，包括生殖器官的解剖结构异常、自身免疫因素、感染因素、内分泌因素、不明因素。

生化妊娠——不知不觉中的早期流产。也就是说，在怀孕的极早期，流产就发生了，可能一点表现都没有，顶多是月经略推迟几天，月经量稍微多一些而已。这事女性自己都不知道。

　　在整个孕妇人群中，总流产率大约为 15%。如果计算生化妊娠的话，总的胚胎丢失率要高达 60%~70%。在所有胚胎中，只有三分之一左右能够最终成长为新生儿。

黄体功能不全——激素水平低

　　"流产、黄体功能不全、激素水平低、保胎"，这几个词常被联系在一起。准妈妈们聊天和上网冲浪时可能听说过。

黄体是卵巢排卵后形成的、具有内分泌功能的细胞团，在新鲜的时候是黄色的，所以被称为黄体。

黄体的基本功能是合成和分泌孕激素。孕激素能帮助子宫做好怀孕的准备。当黄体功能出现问题时，孕激素就会不够用，从而导致怀孕困难或者流产。

黄体功能不全是自然流产的常见原因之一。如果及时发现，可以补充孕激素，防止流产的发生。比如，孕早期手术切除黄体的病人和部分因手术操作导致黄体酮（一种天然孕激素）水平下降的病人，可以通过补充黄体酮来保胎。

小贴士

2016 年发布的《孕激素维持早期妊娠及防治流产的中国专家共识》中指出，孕激素应用的适应证包括早期先兆流产（孕 12 周前）、晚期先兆流产（孕 13~28 周）、复发性流产再次妊娠、助孕周期。

自然流产，如果是由严重胚胎发育不良引起，那就是"优胜劣汰"的结果，补充孕激素也未必保得住；如果是黄体功能不全引发了流产征兆，则可以应用孕激素来预防流产。具体原因，还是留给医生去判断吧，不可自行盲目保胎。

5. 胎儿为什么会畸形

怀孕后 1~3 个月属于孕早期，这段时间正是宝宝重要器官的分化期，也是对外界不良刺激最敏感、胎儿畸形的高发期。

在不知道自己已经怀孕的情况下，准妈妈做了不靠谱的举动：飞行、喝咖啡、玩到极度疲劳、大快朵颐、醉酒、游泳及其他剧烈运动、长时间使用电脑手机、熬夜……准妈妈可发愁了，怎么办？会对宝宝有影响吗？会导致畸形吗？孕早期，外界影响有多大？

孕早期的 1~3 个月可以细分来看。（1）受精卵：单细胞，这时外界的破坏如果产生了不良影响，通常是彻底的破坏——流产。（2）孕 3~4 周：器官还没有分裂形成，不太可能造成畸形。（3）孕 5~8 周：分化早期，是最容易致畸的阶段。

怀孕的第一个月，被称为"全或无"阶段。"全或无"，什么概念？就是说要么流产，要么没事。如果我们担心的不良举动确实对宝宝造成了影响，那么一般来说就流产了；如果没有流产，那么通常就意味着没有产生什么大的影响。

那么，胎儿为什么会畸形？造成胎儿畸形的原因很复杂，包括遗传因素、母体因素和外界环境因素等。

遗传因素

来自父母亲的遗传物质的异常而造成畸形。比如，父母染色体异常、父母携带突变基因等。有时，受精卵自身发生染色体分离异常或基因突变。

母体因素

孕期母亲感染某些微生物，如 TORCH。

饮食因素，比如食物中叶酸缺乏，会增加胎儿神经管缺陷和唇腭裂的风险。

孕早期高热。

孕期高血糖。

……

外界环境因素

放射线，某些药物，农药，长期大量饮酒，重金属如汞、铅……

胚胎期（孕 5~8 周）是人体各器官分化发育的时期，许多导致畸形的因素都非常活跃，多数人的先天畸形都发生在胚胎期。心血管系统在这个时期最敏感，最容易受到损伤。

X光等射线的危害是公认的。因此，孕期应当避免接触X光及其他射线。有位准妈妈在不知道怀孕的情况下照了X光，纠结要不要流掉孩子。没有一个医生敢拍着胸脯说绝对没事，只能把利弊分析一下。很无奈，不是吗？

再来谈谈上面罗列的那些不靠谱的举动。危害，并没有准妈妈们想的那样可怕。酒精是有明确证据的致畸物。西方国家有研究显示，孕妇饮酒可以造成宝宝智力障碍。但是，酒精致畸的剂量目前尚无定论。咖啡因是否致畸，一直存在争论，即使致畸，也是和剂量相关的，过大的剂量才会有影响。电脑、手机属于非电离辐射，没有太大影响。游泳等运动，备孕和孕期都提倡，适度即可。

可是，究竟怎么选择，"留"还是"流"？

留下来的最坏结局就是宝宝出现畸形，但这是小概率事件。当然，低概率、低风险，绝不是零概率、零风险。

为了尽可能完美，选择流产？那么，你要知道，你失去的是一个生命。下一次怀孕，你会变得小心翼翼。但是，你确信你一定能够避开所有的外界影响吗？好些外界因素，甚至于不为人们所觉察。即使没有接触任何明确的致畸因素，孩子也有可能出问题。

其实，怀孕从一开始就要面对很多选择：卵子对精子的选择，子宫对受精卵的选择，母体对胚胎的选择、是否流产的选择、分娩方式的选择……做出一项选择的关键，在于最坏的结局你是否能够接受。你心里有答案了吗？

5

第 五 章

孕期身体调养和防护

1. 怀孕早知道

进入第 5 周后，你的"好朋友"还没光顾，什么情况？备孕的准妈妈可能已经发觉身体的异常。你可以自己在家进行检查，确定一下是否怀孕了。吃不准时就得去医院检查一下。

早孕试纸

怀孕后，准妈妈血液中有一种标志性激素——人绒毛膜促性腺激素，简称为"HCG"。当血液 HCG 的浓度达到一定水平后，尿液中的 HCG 可以通过试纸检测出来，这就是"测孕试纸"的原理。

检测尿液中的 HCG 浓度，被广泛地用来确诊妇女是否怀孕。试纸是协助临床判定妊娠的可靠指标。然而，HCG 一般在受精卵着床几天后才出现在尿液中，而且要达到一定量才能被检出。因此，对于平时月经正常的妇女需在月经推迟后才可能在尿液中检测出 HCG；而月经周期长或排卵异常的妇女，需在停经 40 天甚至更久的时候才能检测出。

想用试纸测，不能太心急！不仅要等到停经一个月后，而且得连续几天、多试几次。

如果自测结果呈阴性，1周之后月经仍未来潮，你应该再做一次自测。如果还不是阳性，最好去看医生。

仅凭一条试纸，就能确定怀孕无疑了吗？当然不能。早孕试纸只能作为一种初筛检查，有时会出现假阳性或假阴性。

试纸检测呈阳性，怀孕的可能性极大，但还得观察上一阵子。通常在孕6~8周，应当到医院初诊。

血液检测

有比早孕试纸更快、更准的办法吗？当然有，血液检测HCG呗！虽然试纸检测的准确率高达99%，但血液检测的准确率更高。一般停经15天时检测血液HCG，就能知道是否怀孕。

那是不是可能怀孕了的女性，最好尽早去医院做血液检测呢？No，No，No! 这时不稳定，有些人会出现"生化妊娠"等情况（见

"自然流产"节）。不必太早做血液 HCG 检查，以免空欢喜一场。

基础体温法

停经 6 周以内的妊娠称为"早早孕"。这时基础体温仍然在高温相。可以使用"基础体温法"作为简单的早早孕检测法。基础体温持续处于高温相也是检测早早孕的方法，而且每个准妈妈在家就能轻松完成，效果明显。

如果女性身体出现种种怀孕早期的迹象，那么不管自测结果如何，应该想到早孕试纸检测只是初步检测，会存在误差。最好的方法就是去医院进行 HCG 血检、HCG 尿检以及 B 超检查。

B 超检查

B 超报告结合 HCG 数值，不仅可以明确怀孕的诊断，还可以判断妊娠位置，尽早发现宫外孕（异位妊娠的俗称）等危险情况。

那么，B 超是越早做越好吗？不是的。如果既往有异常妊娠、担心宫外孕的，可以尽早做；但年轻、没有基础疾病、自然受孕的准妈妈，可以等到停经 42 天以后做。这时不仅能确定妊娠位置，而且通常能看到胎心胚芽，确定胎儿已经存活。这样可以少折腾一次。孕 6~8 周建"小卡"时首次做 B 超即可。

2. 你能感受到的孕期身体变化

从怀孕早期开始，准妈妈们的身体将逐渐出现各种各样的变化。本节将详细介绍早孕反应、孕期乳房、肩颈腰背痛、情绪变化、睡眠变化以及常见皮肤改变等内容。

孕早期

说起孕早期的变化，首先得聊聊早孕反应，这是孕早期最常见的身体变化。

小贴士

早孕反应是指在妊娠早期（停经 6 周左右），随着孕妇体内人绒毛膜促性腺激素（HCG）的增多，胃酸分泌减少及胃排空时间延长，导致头晕、乏力、食欲不振、喜酸食物或厌恶油腻、恶心、晨起呕吐等一系列反应。这些症状通常无需特殊处理。

早孕反应通常于孕 5~6 周开始出现，9 周达高峰，16~20 周缓解；

仅 15%~20% 的孕妇持续到孕晚期，5% 的孕妇会迁延到分娩时。

怀孕早期出现的反应，往往个体差异极大。举例来说，从不晕车的人突然晕车；皮肤突然变得很粗糙；类似感冒的症状，如头晕、乏力、畏寒、全身不适；有的人突然味觉、嗅觉极其敏锐；突然爱吃某些食物，以前不太感兴趣的东西，盘盘吃到底朝天；频频瞌睡，无论怎样补觉都觉得困；突然变得容易失眠……总的来讲，就是各种虚弱的表现。很少看到孕早期表现得容光焕发的准妈妈。

如果在备孕期无端出现上述症状，就该尽早检测，看看是不是怀孕了，以免乱吃乱喝、过劳伤身，造成遗憾。

需要提醒的是，如果呕吐过于剧烈，或者出现明显影响准妈妈自身健康的异常情况，那就超出了早孕反应的范围，应当考虑看医生了。

接下来，我们按照孕周的大体顺序，详细描述孕早期各周的孕妇身体变化。

孕第6周

你的身体悄悄开始发生变化，怀孕的症状出现了。

大多数女性有清晨恶心的感觉，有时不仅在早晨，整个一天都随时会发生呕吐；时常疲劳、犯困；由于雌激素与孕激素的刺激作用，准妈妈的胸部感到胀痛，乳房增大变软，乳晕有小结节突出；排尿频繁……

这些症状都是正常的早孕反应，是孕早期的常见生理现象。大约在 3 个月之后，也就是孕 12 周，准妈妈们的恶心、晨吐就会结束。

孕第7周

目前准妈妈的外表看不出显著改变，但在体内却发生着翻天覆地的变化。

早晨醒来后你会感到难以名状的恶心，而且嘴里有一种说不清的难闻味道。这是怀孕初期大多数孕妇都会遇到的情况。

你随时可能有饥饿的感觉，而且常常饥不择食地吞咽各种食物。胃口大开的结果是，你的体重增长很快。但是，不要过多地考虑体形，因为目前这几周是胎儿发展的关键时期，维持胎儿生命的器官正在生长，所以准妈妈尤其应当注意营养。

有些人会出现情绪波动很大的情况。孕6~10周是胚胎发育的关键时期。如果你的情绪过分不安，会影响胚胎的发育，导致腭裂或唇裂等异常。因此，应听听轻音乐、看看书、会会好友，让自己的心情轻松舒畅。

孕第8周

腹部看上去很平坦，但子宫有明显变化了。它不但增大了，而且变得很软；阴道壁、子宫颈因为充血而变软，呈紫蓝色；子宫峡部特别软。子宫成长时，你的腹部有时会感到痉挛，甚至会感到瞬间的剧痛。

此时，你可以进行第一次产前检查了。

孕第9周

怀孕已经9周了，你的体重可能没有增加太多。

乳房更加膨胀，乳头和乳晕色素加深。需要使用新的乳罩，让胸部更舒适一些。

为了满足胎儿的需要，孕妇血液的总量在增加。到孕晚期，血液总量会比孕前增加 45%~50%。

准妈妈的代谢功能和身体内部环境将发生一系列变化：由于肾脏排钠量相对减少，水、电解质失去平衡；血钾升高，导致心脏功能受损；如果体内的钠浓度过高，导致血液渗透压发生改变，水分从血管渗入组织间隙中形成水肿。

这样的身体变化提示，准妈妈们需要减少食盐量。因为盐中含有大量的钠。多吃盐会加重水肿并且使血压升高，甚至引起心力衰竭等疾病。物极必反，长期低盐也会有副作用。正常的孕妇每日的食盐摄入量以 6 克为宜。

孕第10周

大部分准妈妈的身体变化依然不大。曾有过怀孕分娩史的孕妇，腹部会稍有凸出。

这个时期，情绪波动会很明显。许多孕妇会感到心绪不宁，少数人甚至会产生心理压力。这时的喜怒无常是正常的情绪变化。但是，需要警惕的是：母亲和胎儿之间可以通过血液中的化学成分沟通信息，胎儿可以感受到你的快乐与悲伤；当你情绪不宁时，体内激素的分泌会有异常，进而通过血液影响胎儿的发育。

准妈妈们要正确认识这个现象，并努力地及时调整情绪，让自己有愉快的心情。

孕第11周

孕早期快结束了。早孕反应开始减轻。再过几天，准妈妈们的恶心呕吐、困倦不适等现象就要结束了。伴随胎儿的健康成长，你有没有开始感觉到一些轻松了呢？

此时的胎儿充满了整个子宫。触摸时，可以感觉到子宫稍微有些硬度。宝宝正在全面快速发育。此时，准妈妈们要注意均衡饮食，保证充足的蛋白质、多种维生素、钙、铁等营养素的摄入。

早孕反应重的准妈妈们，应当考虑加强营养素的补充。举例来说，胎儿生长发育需要钙元素。准妈妈如果缺钙，自己身体里的钙就会无私地优先供应给宝宝；孕期每天的钙需求量应在 800 毫克左右。准妈妈如果缺钙，就会出现腿抽筋、骨质疏松等症状，甚至影响胎儿的骨骼发育。因此，准妈妈要多喝牛奶，因为牛奶里富含钙质。

小贴士

宫外孕的早期表现：感到下腹一侧有隐痛或酸坠感；妇科检查时发现子宫增大与妊娠的月份不符合；孕早期出现不规律的阴道出血等。

宫外孕是可以通过 B 超检查诊断的。因此，孕早期的第一次产检很重要，不能忽视和错过哦！

好在让人心烦的孕早期很快就会过去，准妈妈即将进入相对舒适的孕中期。保持愉快的心情，和宝宝一起迎接新的阶段吧。

孕第12周

现在，你的精力可能有些恢复了！

你的皮肤可能起了变化。比如，脸和脖子上出现了黄褐斑，这是孕期正常的现象，宝宝出生后会逐渐消退。有些准妈妈可能还会发现，在小腹部从肚脐到耻骨出现了一条垂直的黑褐色妊娠线。

在整个孕早期，孕妇子宫黏膜的血管变粗、充血，稍不留意就会受伤出血。准妈妈们应当特别注意保持身体的清洁，否则容易引起细菌感染，甚至引发胎儿的感染和流产。

孕中期

接着，是相对轻松的孕中期。孕第13周，开始进入孕中期。此时，流产的危险性降低；之前十分疲惫的身体重新具有了一些活力。这段时间，准妈妈的身体变化会越来越明显。

你有没有突然觉得胃口大开、食欲旺盛？胎儿迅速长大，需要充足的营养物质。这时，你的食品种类要全面，并且要尽量均衡。营养素会通过准妈妈的身体，源源不断地供给肚子里的宝宝。想吃，就任性些好了！但也得注意进餐规律、适量，不能暴饮暴食哟！否则，你的胃肠道负担太重，会短暂地抗议罢工哦！

你的腰身变粗，动作也开始显得笨拙。进入孕中期，通常准妈妈的体重至少也增加了2千克。有些孕妇也许会达到5千克。现在有必要准备孕妇装了！

妊娠纹出现了！由于乳房和子宫的迅速增大，乳房和腹部的皮下弹力纤维断裂，产生了暗红色的妊娠纹。有的孕妇在臀部和腰部也会出现妊娠纹。不过，别紧张！有条件的话，你可以在涂擦护肤油后进行适当的按摩，促进局部血液循环，增加皮下弹力纤维的弹性；也可以通过适当的锻炼，增加皮肤对牵拉的对抗力。这些做法能够在一定程度上改善妊娠纹的预后，但很难消除。妊娠纹对局部的生理功能没有影响，也不会恶变。因此，从医生的专业角度来看，实在没有必要过多地在意妊娠纹。

肤色和头发也有了变化。由于体内雌激素的增加，准妈妈的头发越来越乌黑发亮。此时不宜过多洗发和吹风！可以常用木梳梳理头发，改善头部的血液循环。

孕妇牙龈出血的现象很普遍。原因是孕激素使牙龈变得肿胀，即使刷牙时动作很轻，也有可能导致出血。不过尽管如此，还是要坚持刷牙。饮食结构不当，比如喜好甜食、奶制品；身体慵懒不愿动，没有及时刷牙、漱口；食物嵌塞在牙缝间，没有清理干净……这些都有可能会引发牙周炎。目前胎儿的状况已经稳定，孕早期不能进行的拔牙等，现在可以找医生帮忙解决了。

令人兴奋的时刻到来了，你可以感觉到胎动了！当胎儿动来动去的时候，许多孕妇都会注意到他快速的运动。胎动会在孕18~20周时逐渐明显起来。胎儿对你的触压有了感觉。当你用手触摸腹部时，胎儿会有轻微的反应。宝宝已经可以听到你的声音，感受到你的爱和抚摸啦。胎动明显时，你试着轻拍腹部，或者说说话、唱唱歌，宝宝都可能会安静下来，那是他在和你用心交流呢！因此，孕中期是进行胎教的最佳时期！孕第 23 周左右，胎动更加明显。宝宝会经常把妈妈的肚皮顶起一个小鼓包。这时，你可以和宝宝说话，也可以用手摸摸或者轻轻推一下，看宝宝有什么反应。

此外，你一定会发现，乳晕和乳头的颜色加深，乳房越来越大了。这是准妈妈的身体在为哺乳做准备。请注意乳头和乳房的保养和清洁。乳房保养，首先应当注意胸衣的尺寸选择，材质要舒适、大小要合体。乳房增大后，乳腺发达起来，你可以做乳房保健按摩操：从乳房的四周向中心轻轻按摩，使乳头坚韧、挺起，有利于将来宝宝吮吸。如果忽略乳房保养，乳房组织就会松弛，乳腺管的发育也会异常，有可能导致产后缺乏母乳。扁平乳头、凹陷乳头的孕妇，可以使用乳头纠正工具进行矫治。

子宫长得很大，有时你会感到腰腹部阵阵的剧痛。这是腹部韧带拉伸的结果。

孕 20 周左右，你可能会觉得呼吸变得急促起来。特别是上楼梯的时候，走不了几级台阶就会气喘吁吁。这是因为增大的肚子向上挤压了肺部。随着子宫的日益增大，这种状况也会变得更加明显。

到孕 25 周左右，你可能又会开始感到疲惫。随着宝宝的长大，腹部越来越沉重。准妈妈的身体为了保持平衡，需要腰部肌肉持续向后用力，腰腿痛因而更加明显。有的孕妇此时开始出现下肢水肿。注意！不要长时间站立或行走。休息或睡觉时，可以适当地垫高下肢，有利于下肢静脉血液回流，减轻水肿。

小贴士

准妈妈应该从孕中期开始适当地增加运动！运动可以增加心肺功能，帮助你更好地适应血液循环和呼吸系统不断增加的负荷。充分的全身性放松运动，可以使你身心愉快。适量的快步走，能够改善肩颈腰背痛等不适；轻柔的体操能增强肌肉的力量。

你可能会睡眠不安，经常做一些记忆清晰的梦。也许你是对即将承担的母亲责任有了压力，也许你在担心宝宝是否健康，也许你在为分娩担忧，又或者为未来抚育宝宝过程中的未知情况感到茫然，但一定要记得，你的情绪稳定对宝宝的健康发育至关重要！因此，调整睡眠很重要。适度地运动有利于睡眠哟！准妈妈们睡觉时，平躺的姿势很可能会不舒服，最好侧卧。

孕28周，快要进入孕晚期了。这时由于腹部迅速增大，准妈妈很容易疲劳。脚肿、腿肿、便秘、痔疮、静脉曲张、失眠、呼吸困难等都让你感到不适。令人欣慰的是，离分娩的时刻已经不远了！

孕晚期

从怀孕29周到怀孕40周，为孕晚期。身体负担的加重，或许会使你觉得时间有些难熬。对临近的分娩，有些准妈妈开始感到紧张不安。放松点！你的宝宝此时应该已经非常熟悉你的声音了。继续坚持和宝宝互动游戏！

肢体动作　准妈妈会感到越发笨拙。肚子大得看不到脚下，行动越来越吃力。此时，要多加小心。不规则的宫缩时有发生，你会觉得肚子一阵阵地发硬发紧，走路多一些或身体疲劳时更易发生。这是正常现象。因此，要注意休息，不要走太远的路或长时间站立。

皮肤　乳头周围、下腹的皮肤颜色会越来越深。有些孕妇的妊娠纹和脸上的斑点也会更加明显。

体形　最后这个时期，准妈妈的体重每周增加500克是很正常的。因为胎儿的生长发育相当快，在为出生做最后的冲刺。但是，体重增长过多的孕妇，应该根据医生的建议适当控制饮食，少吃淀粉类食物，多吃蛋白质、维生素含量高的食品，以免胎儿生长过大，造成分娩困难。

呼吸和消化　你会感到呼吸越发的困难，喘不上气来；子宫底已上升到了横膈处，吃下食物后也总是觉得胃里不舒服，因此胃口变差。这时最好少吃多餐，以减轻胃部的不适。

睡眠　许多孕妇睡眠变得更加不好，胎动频繁；肚子大了，起、卧、翻身都有些困难，怎么躺都不舒服。建议最好采用左侧卧的姿势，但最终以自己的舒适姿势为准。

大约孕34周时，下腹部的压力越来越大，凸出的肚子逐渐下坠。胎儿的头部将开始下降，进入骨盆，到达子宫颈，为分娩做准备。你的呼吸和进食会舒畅很多；随着胎儿的增大，子宫内的活动空间越来越小，胎动也会有所减少；由于胎头下降，压迫膀胱，准妈妈会感到尿频；有的准妈妈还会感到骨盆和耻骨联合处酸疼不适，腰痛加重；有的会感到手指和脚趾的关节胀痛，这是全身关节和韧带逐渐松弛所致。这些现象都是在为分娩做准备。

产期临近，不规则宫缩的次数增多，腹部经常阵发性地变硬变紧。准妈妈们的身体不适和内心不安都会加重。加油！宝宝很快就会和你见面了。

此时，准妈妈常会感到疲劳。当心！不要独自一个人出远门；要多关注自己身体的感觉；多休息；适当活动，比如饭后散步，或者做一做孕妇操，缓解一下腰背痛。

孕 36 周，准妈妈的肚子相当沉重。子宫底的位置逐渐下降，你的呼吸比前一段时间舒畅些了；进食后胃里不那么难受了，食欲有所好转。膀胱受到压力，让你总有便意，一次次往洗手间跑。行动更加艰难，坐卧起居很费力。这时上下楼梯和洗澡一定要注意安全，防止滑倒。动作要轻缓，尽量不要弯腰和下蹲，更不能攀高。此时，你还应该提前了解有关临产征兆的知识：什么是宫缩？什么是见红？什么是破水？如何处理？

孕 37 周之后，你已进入怀孕的最后阶段，随时可能临产。此时，准妈妈应当适当活动，充分休息，密切关注自己的身体变化。一旦有临产征兆，随时入院。

3. 孕期到底该长多少肉

关于这个问题，民间流传的说法是"一个人吃两个人的"，想吃什么就吃什么。毫无顾忌地大吃，这种观念并不正确。食量在很大程度上会影响孕期体重的增长。

体重增长过多有害处吗？

孕妇太胖的话，各种孕期并发症的发生概率会增大，比如妊娠高血压、妊娠糖尿病等；巨大儿的概率也会上升，造成分娩困难。夸张一点的例子是，某些孕妇因为肚皮脂肪太厚，做 B 超时给大夫造成困扰，影响检查结果的准确性。

另外，体重增长太快，妊娠纹变多的概率会上升

哦！这可不是吓唬人的。因此，孕期总体的食物摄入量和每一种食物的摄入量，都应该有所控制。

怀孕到底该长多少肉？

美国和英国的指南建议，可以根据怀孕之前的胖瘦确定孕期体重增长目标。具体方法是按照孕前 BMI 来推算。

> BMI是身高体重指数，计算公式：BMI=体重（千克）／身高（米）的平方。比如：孕前体重50千克，身高1.6米，所以孕前BMI=50/1.6²=19.53。
>
> 孕前BMI低于18.5，孕期体重增加的理想范围是13~18千克；
>
> 孕前BMI为18.5~24.9的正常体重孕妇，孕期体重可增加11~16千克；
>
> 孕前BMI 为25~29.9的超重孕妇，孕期体重可增加7~11千克；
>
> 孕前BMI高于30的孕妇，孕期体重最多长个5~9千克就可以了；
>
> 双胎或多胎妊娠的孕妇，可以适当增加。

根据这个指标，算算你的理想增重范围吧！

知道孕期体重增加的合理范围，那么，接下来的问题是，准妈妈们到底该如何科学安排饮食呢？

怀孕了，到底该怎么吃？

各大产科专家都有自己的宝典和配方，营养专家甚至会运用很多的计算公式来指导孕前饮食。我们表示很是佩服，但无从下手，难以坚持啊！

有种最"科学"的，叫"带量食谱"，会用表格形式写明食物成分、质量，很详细地告诉你每种食物含多少蛋白质、热量。你要不要试试？哈哈，负责给你做饭的人，一看那表格肯定头大。按照食谱的表格吃，科学！但不实用！

一件原本很简单的事情，何必搞得那么复杂呢？在科学原则的指导下，结合咱老百姓过日子的经验，下面给大家提些实用的建议。

首先，你得知道"基本原则"。

"均衡合理的膳食"一直是营养学家的倡议。最新版《中国居民膳食指南》中，营养学家们手把手地教大家怎么吃、吃什么，如何通过吃来保持身体健康。感兴趣的话，准妈妈们不妨百度一下看看。不过，普通人要完全依照膳食指南买菜吃饭，可不是一件容易的事情。孕妇作为特殊人群，更不可能整天对着指南编食谱。

小贴士　适量均衡的饮食

"适量"就是九分饱。饿了咋办？可以吃些既有营养糖分又少的食物，如黄瓜、番茄、胡萝卜等。

"均衡"就是种类多样、荤素搭配、粗细搭配，保证各种营养素尤其是维生素和微量元素的均衡摄入。

其实，孕期营养没那么复杂。孕妇像正常人一样吃就可以了。没什么是绝对不能吃的，只是风险大小而已。

甜点与饮料要少吃。大量的糖分，吃了后很容易被身体吸收转化，导致体重明显上升。

要注意控制水果的摄入量。"多吃水果好"，这句话并不完全正确。现在的水果越来越甜，糖的含量很高。吃得越多，体重长得越快。有的准妈妈体重增加得太快，她会告诉你，她一日三餐吃得很少。奇怪了，不吃也会胖？再仔细追问，水果当饭吃！一次吃上一个西瓜、一盘蜜桃。当然会胖啦！

有些孕妇经医生检查后，建议控制体重。可是，如果让准妈妈在整个孕期只吃毫无滋味的所谓"健康餐"的话，根本无法坚持下去。这些准妈妈可以记"饮食日记"。

小贴士　饮食日记

就是把每天吃的所有东西都记录下来，包括正餐、水果、点心、饮料等。写饮食日记的过程就是让孕妇参与自我认识和调整的过程。写一个星期以后，想一想该如何调整，要减少哪些食物的摄入。

4. 营养品的正确选择

饮食是获取营养的基础。大部分强化营养的产品是可以用"日常均衡膳食"代替的。不单是孕妇奶粉，对待所有宣称有营养补充作用的食品，大家都应该保持平常心。

孕妇营养品有必要吗?

简单地说，有条件的可以吃；不想买的话，也能替代。几乎所有重要的营养素，都可以从日常膳食中获得。

当然，这并不意味着强化营养的食品没有必要存在。孕妇奶粉和其他营养补充产品一样，出于市场行为，存在过度营销的现象。但是从营养学角度来说，这些产品还是有一定价值的。生活在不同地域的人获得食物的种类和数量、饮食偏好有着很大的差异。有些孕妇因为特殊原因，仅依靠日常膳食无法获得充足的营养，就有必要通过使用营养品来补充营养素。比如：孕吐剧烈；胃部受到子宫压迫，食量小，胃口不好；白领妈妈工作忙、偏食、挑食等。

如何选择营养品？

一般只需选择含"多维营养元素"的产品即可。这些产品通常都是 OTC 类药品或保健食品，不同程度地强化了多种维生素和矿物质。可到正规的超市、药店选购。

孕妇奶粉是较好的优质蛋白质和钙的来源。我国居民膳食指南上给出牛奶的推荐量是 300~500 克 / 天，孕妇奶粉也会推荐每天喝这个量。多不饱和脂肪酸 DHA，在孕妇奶粉中强化了一些。但因为原料形式的限制，一般都达不到每日适宜摄入量。

孕妇奶粉为了优化口味，通常会添加食用香精和糖。食用香精只要在国标允许范围内添加，并无大碍。特殊孕妇，比如妊娠糖尿病、孕前体重超标者，在购买这类产品时一定要仔细看看包装上的成分表。如果发现有白砂糖、玉米固体糖浆、果葡糖浆之类的，需慎重。

至于其他营养品，看孕妇的个体需求和产检结果，缺什么再补什么吧！比如贫血的妈妈，可以根据医生建议，选择适合自己的营养补充品。当然，贫血严重需要迅速纠正时，仅靠营养补充品可不行，必须按医嘱服用铁剂。

特别推荐孕妇补充的营养素

对于孕妇，除了三大常量营养素（这个名词见"备孕期的饮食管理"），还需要特别强调维生素 D、叶酸、钙、铁、锌、碘等微量营养素的补充。因为胎儿的发育和这些营养素密切相关。

维生素 D：孕妈妈缺钙很常见。补钙，必须首先补充维生素 D。维生素 D 需要额外摄入，或者晒太阳促进人体合成。

维生素 D 有五种化合物，与健康关系密切的是维生素 D_2 和维生素 D_3，后者在体内真正发挥促进钙吸收和代谢的作用。维生素 D 存在于部分天然食物中，人们可以从食物中获取。人体皮下储存有由胆固醇生成的 7- 脱氢胆固醇，经紫外线照射后，可转变为维生素 D_3。

市面上可以购买到维生素 D_3 制剂，服用方便。建议孕妇经常性补充，预防缺钙。维生素 D 每日生理需要量为 400~800 IU，孕妇每日补充量可以考虑加倍。

小贴士

需要提醒的是，过量补充维生素 D 有害哦！钙补充剂的配方中常含维生素 D，以促进钙质的吸收。那么，你把奶粉、钙片和维生素 D 口服药片中的所有维生素 D 的剂量都累加起来，每日摄入量达到 800 IU 即可。

事实上，你只要坚持晒太阳、均衡饮食、适当额外地补充，维生素 D 是很容易补足的。晒太阳不会造成过量，因为人体自身会调节。晒太阳，得将皮肤暴露在日光中，通常手、脸要充分暴露，戴口罩和手套可不行，隔着玻璃窗也不行。

钙：宝宝的骨骼和牙齿发育需要钙。进入孕中晚期后，宝宝发育加速，绝大多数孕妇都需要额外补充钙。我国女性在孕期的每日钙摄入量大约为 300~400 毫克，低于妊娠中晚期每日推荐量 1000~1200 毫克。如果每天食用的食物中有很多的奶制品，可以不需要额外补钙。但是大多数人做不到。

市面上钙剂的吸收率差不多，最重要的是钙元素含量要真实。在连锁大药房或医院购买的钙制剂，钙含量和生产工艺相对有安全保障。不要轻信各种广告中的夸大其词！

孕妇奶粉、各种品牌的复合多维元素片以及其他形式的营养强化食品及营养补充剂，都在不同程度上添加了微量营养素。但这些产品中的各种元素含量究竟如何，你在选购时得有火眼金睛才行。过量摄入，有害！

药店销售员通常会推荐贵的、含多种复杂成分的微量元素产品，不要轻信那些。只买对的，不买贵的！缺什么补什么，按每日推荐量来补充即可！

合理选择很重要，前提是你得懂得上面这些营养知识。不论选择哪种营养补充方法，都要"好好吃饭"。任何产品都不能提供所有的营养。在营养状况好的情况下，用于补充日常膳食的不足；在已经出现营养素缺乏症状的时候，要根据医生的建议，按照营养素缺乏程度进行特定的补充。

5. 孕期饮食禁忌

很多孕妈妈在不知道自己怀孕时，饮食上百无禁忌，想吃啥就吃啥，想吃多少就吃多少。但是一旦知道怀孕了，就不是为自己吃了，想着肚子里的孩子，开始小心翼翼起来。

——孕期哪些食物要忌口？辣椒可以吃吗？大闸蟹可以吃吗？

——啥都可以吃，只要不过分就可以。记得之前提到的各项基本原则就好。

下面聊聊具体的食物选择。

可以吃大闸蟹吗？有人说孕期吃大闸蟹，孩子生出来嘴里会吐泡泡。奇葩结论！大闸蟹属寒性，小心腹泻倒是有必要。大肚皮拉肚子，又不知道该如何服药，那可真是麻烦事。还有，蟹类易过敏。如果你和你老公是过敏体质，即使你吃蟹从没有生过痒块什么的，也得尽量避免。否则，你的宝宝容易形成过敏体质。

可以吃生鱼片吗？可以吃，但要保证生鱼片新鲜、无污染、没有寄生虫。如果难以保证食物质量，那就忍住。

可以吃冰激凌？可以吃。少吃一点，解解馋就可以了。不过，冰激凌并非健康食品，吃多了会长胖的。又或者，凉的吃多了，吃坏肚子就糟了。

可以吃酱油吗？有些老人说，怀孕了吃酱油，孩子生出来皮肤黑。其实，根本不会这样。想必新时代的你，也不会相信这些无稽之谈吧。

可以喝咖啡吗？可以喝，但是每天咖啡因的摄入量不能超过200毫克。一杯225毫升的普通咖啡中，咖啡因含量为100~200毫克。除了咖啡，茶水和可乐也含有咖啡因。

需要吃燕窝补一补吗？可以是可以，你喜欢吃就吃呗，不喜欢就不吃。其实要笔者说，真是没那个必要。燕窝没有传说中那么有营养。

另外，食品安全问题必须时刻记心间。路边摊的鸭血粉丝汤、烧烤肉串、麻辣香锅什么的，还是算了吧。万一含有问题食品，后果不堪设想。

6. 防辐射服有用吗

我们的工作、生活中充满了辐射：电脑、手机、电视机、打印机、复印机、传真机；办公大厦的顶层密密麻麻布满了卫星接收器；高楼的尖顶建有功率强大的发射塔……

防辐射服，要不要买一件呢？众说纷纭，让人拿不定主意。

我们得先搞清楚，防辐射服能防住什么？辐射分为电离辐射和非电离辐射。

电离辐射

核电站、医院里的特殊检查科室等处的辐射是电离辐射。X光、CT检查所含放射线能量巨大，能够改变DNA结构，超过规定剂量后，对人体确实有很大伤害。在医院里，放射科工作人员只有使用厚铅板，才能抵挡一部分射线的危害。薄薄一层孕妇防辐射服，压根挡不住电离辐射。

非电离辐射

普通大众接触到的往往是非电离辐射，包括许多生活中常见的辐射源。

电脑、电视机、电吹风、微波炉、烤箱等家用电器产生的是电磁辐射。这些东西带来的辐射，到底对准妈妈和宝宝有没有危害？这些辐射，会不会穿透肚皮呀？

烤箱主要利用红外辐射来加热物体；微波炉则属于微波辐射，用电磁波让水分子等振荡起来、碰撞起来，运动着的分子就能使物体迅速加热了。世界卫生组织表示：暴露在正常环境的电磁场中，不会增加自然流产、胎儿畸形、低出生体重、先天性疾病等不良结果的风险。

Wi-Fi、无线电波、变压器、高压电线，会在和人体相遇时产生感应电流。那么这些电流又会对准妈妈产生什么影响呢？人体神经系统和内脏器官的正常工作，是靠生物电信号来控制的。感应电流如果超过一定强度的话，有可能会干扰神经系统和各个器官的工作。当然，肚子里的宝宝也可能会不太舒服。不过，正常使用情况下的上述物品所产生的感应电流，都远远低于对人体产生危害的界限值。因此，不必过分担心。

发射塔、高压输电线，靠得不是太近的话，也不会产生什么危害。

手机问世以来的几十年里，关于手机辐射与脑瘤之间的关系，已经有了成千上万的研究。目前没有明确的证据，能证明手机和脑瘤之间的直接联系。既然如此，准妈妈可以一直玩手机吗？当然不能！作为准妈妈，总是坐着不动、低头不语，对宝宝肯定不好！对自己的眼睛、颈椎、腰椎也不好！

防辐射服到底有效吗？

从物理学上判断，防辐射服的设计是有些道理的。防辐射服采用金属纤维混合织物制成，的确能防住一部分辐射。你可以做个小实验——用防辐射服包住手机，通常手机信号会减弱或者没有了；但如果只是套在身上遮挡一下，手机信号能否被挡住？

买防辐射服的人可能会想，或多或少可以为肚子里的宝宝遮挡或者屏蔽一部分非电离辐射吧。也许吧，但愿如此啦！

防辐射服的好处还是可以预见的，那就是当作"孕妇标识牌"。穿上它到地铁等公共场所去，确实能够发挥些妙用。

7. 孕期用药安全

吃了感冒药、抗生素，或者紧急避孕药后怀孕，这个孩子能不能要？孕妇难免会生病，不吃药硬扛，能行吗？本节我们来聊聊孕期用药这个话题。

现实中，有些孕妇对孕期用药恐慌至极，甚至拒绝服用一切药物，以致延误病情。如果孕期疾病控制得不好，不仅会给准妈妈的身体带来危害，也会影响胎儿健康。

合理安全地使用药物，才是最明智的做法。关于孕期用药，有两点要明确：一个是用药时间，一个是药物分类。

不同时期用药，影响不一样

着床 14 天以内，如果药物发生影响，会直接作用到胚胎细胞上，造成胚胎的直接死亡；或者影响的细胞不多，不会有严重后果。也就是说，要么没怀上；怀上了，就说明药物没有什么影响。

着床 14 天后到 3 个月，是胎儿各器官系统分化的时期，也是药物致畸的敏感时期。没有任何一种药物对胎儿是绝对安全的。只有当药物对孕妈妈的益处大于对胎儿的危险时才可以考虑用药。怀孕头3个月是胎儿发育的敏感期，应该尽量避免使用任何药物。

3个月以后，胎儿各器官系统分化基本结束，这个时期的药物致畸作用有所下降。

孕期药物安全性分级

美国食品药品监督管理局（FDA）规定孕期安全用药分五级：

A级指动物试验和临床试验结果均证实安全的药物。A级药物比较少，有左甲状腺素、叶酸、多种维生素等。

B级指动物试验显示安全，或者动物试验结果显示不安全而临床试验显示安全的药。青霉素类、头孢类抗生素属于B级，相对安全；常用的一些感冒药，比如对乙酰氨基酚，也是B级。如果只是偶尔吃一两次，一般问题不大。

C级指动物试验显示不安全而临床试验没有做过的药。60%以上的药物属于C级，不能排除有危害，但潜在的益处超过潜在危害。

D级指临床试验显示对胎儿有危害，但当孕妈妈有严重疾病时可以考虑使用的药。

X级指禁用的药。在常用药物中，D级和X级不多。

需要解释清楚的是，这个分级并非一直不变。药物经过广泛使用后，如果发现了危害，专家组会修改该药的孕期安全分级。比如，最近一次修改是关于硫酸镁针剂（原本用于保胎）。依据美国 FDA 收集的不良反应数据，孕妇连续使用硫酸镁针剂超过 5 天，会导致胎儿骨骼受损。据此，美国 FDA 将硫酸镁针剂的孕期安全分级，由原来相当安全的 A 级改为可能致畸的 D 级。

孕妇不得不用药时，应当选择最小有效剂量和最短有效疗程。比如广泛用于退热止痛的对乙酰氨基酚（B 级），如果每次用的是最小有效剂量 500 毫克，并且只在有症状时才吃，那么，孕期使用是安全的。如果每次使用超过 1000 毫克或者长期大量使用，有可能会对胎儿产生影响。

本节开头的问题怎么解决呢？紧急避孕药毓婷之类的是孕激素，属于 X 类。如果明确怀孕后，禁用！不过，从时间上来看，通常吃紧急避孕药时胚胎还没着床，对胚胎的影响应该是"全或无"。如果避孕药没有造成胚胎流产，那么应该没什么严重后果。这种情况如果直接流产，有点太过草率。对国内医生来说，直接建议流产算是风险最小的选择。当事人自己要慎重考虑清楚！

对急性病而言，必须要由医生来权衡用药的风险。首先判断一下疾病能否自愈；如果不能，服药对孕妈妈和胎儿来说，是益处大还是风险大；最后决定用什么样的药，既安全又有效。

高血压、糖尿病、哮喘等慢性病患者，在孕期也要用药来控制病情。不仅要听妇产科医生的建议，还需要专科医生的指导。

总之，孕妇不是什么药都不能用，不过得谨遵医嘱服用。如果不小心用了什么药物，或者将要用什么药，让医生帮你判断吧。

6

分娩准备

1. 预产期，不必太纠结

对待预产期，不必太纠结！真正在预产期那天分娩的孕妇只有大约 5%。

怎么算预产期？

早孕试纸检测呈阳性，第一次去医院时，大夫一开始问的几个问题通常是：末次月经是什么时候？平时月经周期为多少天？规律不规律啊？

为什么要问这几个问题呢？因为预产期和孕周，都是从怀孕前最后一次月经（末次月经）的第一天开始推算的。具体的受精日期实在太难计算；排卵日期的个体差异很大，无法确定。所以，就以末次月经第一天作为整个孕期的起点了。

计算预产期，现在最常用的是 19 世纪初德国医生 Naegele 提出的方法。预产期是根据末次月经时间、平时月经周期来推算的。用末次月经时的月份数减 3 或加 9，日期数加 7，就能算出预产期了。当然，这是按通常月经周期 28 天，整个孕期的持续时间为 280 天

（40 周）来算的。举个例子：末次月经的第一天是 2016 年 10 月 1
日，如果月经规律，那么月份为 10-3=7，日期为 1+7=8，预产期是
2017 年 7 月 8 日。

　　按照这个计算方法，大约有 5% 的准妈妈在 40 周预产期这一天
分娩，预产期前后 3 天内分娩的大约占 25%，预产期前后 1 周内分
娩的大约为 50%~60%，预产期前后 2 周内分娩的大约占 80%，剩下
的 20% 在 38 周之前和 42 周以后分娩。

　　对月经不规律的女性来说，如果前后相差三五天，那么不需要纠正预产期。因为预产期本身就是一个范围。但如果经期不准，会有一些误差。经期短的，预产期适当提前；经期长的，预产期适当延后。怀孕3个月后做B超时，可以根据胎儿的大小来推算孕周。依据B超结果推算的预产期比较准确一些。

到了预产期还没生，怎么办？

由于年龄、产次、月经周期、人种等差异，即使预产期是同一天，实际分娩的时间还是会有不同。预产期到了，如果还没有发作，根本没有必要纠结。听医生的，该干吗就干吗！没事多走走路，指不定什么时候就生了。每天认真数胎动，必要时做胎心监护和超声检查。

到了41周还不生，一般情况下医生会帮你做判断。宫颈条件不好的话，会用药物或其他方法促进宫颈成熟；宫颈条件好的话，就会给你催产。

超过42周以后分娩，新生儿不良结局的风险会增加。因此，通常在妊娠即将满42周前，医生会干预，必要时行剖宫产。

预产期没那么精确。在产科医生看来，预产期更应该是一个面。只要孩子正常，在孕37~42周之间任何一天分娩都算正常。

可是，你有没有想过，为什么整个孕周是280天呢？大多数宝宝为什么会在37~42周之间的某一天降生呢？现代医学还无法解释。其实，生孩子这件事情，很大程度上就是本能，何需太多解释呢？

2. 分娩方式

医生会安排准妈妈在孕 36~37 周做一次超声检查，评估准妈妈的身体条件和宝宝的状况，然后和准妈妈、准爸爸商量分娩计划。分娩方式，大家都熟悉：顺产（含顺产试产）、剖宫产。

剖宫产

如果没有医学指征，准妈妈自己要求的剖宫产，叫作"选择性剖宫产"。通常安排在孕 39 周左右手术。有医学指征的剖宫产，准妈妈和宝宝的情况稳定的话，一般在孕 37~39 周之间手术。有些孕妇因病情特殊，在孕 37 周之前行剖宫产。具体情况和选择依据，医生会和准妈妈、准爸爸商量的。如果你对自己选择的待产医院满意，那么就多听医生的建议，安全系数高。综合性医院通常处理妊娠并发症比较多，剖宫产率高于专科产院。

顺产

如果确认顺产或试产，就需要对以下名词有一些了解。

自由体位待产和分娩：情况许可时，在待产过程中能够下床走动，采取任何产妇觉得舒适的体位，不要老是躺着。

会阴侧切：防止会阴撕裂而施行的小手术。打一针麻药，然后在会阴部剪一刀，宝宝立马就钻出来了。由接生人员判断是否需要实施。现在推行无保护会阴阴道分娩，尽量减少会阴侧切，没有医学指征，一般不会侧切。

水中分娩：顾名思义，就是在水里生孩子。新生儿娩出时完全浸没在水中。在此过程中，新生儿的头部必须完全浸没在水中，直到身体全部在水下娩出，随后立即将新生儿抱出水面。

导乐（Doula）：陪伴分娩人员。有家人或导乐在，准妈妈们可以安心许多。产院大多会有，综合性医院可能少见。

双胎自然分娩：不是每个双胎都需要剖宫产。

VBAC：上次剖宫产，本次阴道自然分娩。后续有专门章节介绍。

顺产多由助产士指导，剖宫产则是由医生进行。很多产院，医生不在顺产时露面，除非出现特殊病情需要医生做出诊断和其他决定。

生孩子是女性的本能，能顺产最好。顺产困难，就应该及时进行剖宫产。

3. 分娩止痛法

疼痛，大家都怕。不过怕也没用！给各位介绍一些止痛方法，希望对你有帮助。主要目的是缓解疼痛，给准妈妈一些鼓励。只是缓解而已，不是完全无痛！

拉马泽呼吸法

利用呼吸来放松和分散注意力，从而帮助产妇减轻分娩时的疼痛感。当宫缩来了的时候，产妇保持放松，用一次长吸和一次长呼进行廓清，慢慢地、均匀地深呼吸；然后数着 1、2、3 的节拍，用鼻子缓缓吸气，再用嘴巴缓缓呼气。一次宫缩结束时，再进行一吸一呼的廓清；宫缩时要全身放松、放松、再放松。分娩阵痛刚开始时，这样的呼吸法可能会迅速起效。可是，乐观的局面未必会持续很久。

拉马泽法除了呼吸控制，还包括心理调适、环境配合、产前体操等，是一个完整的训练课程。准妈妈们可以根据自己的条件，对照视频模仿一下，或者在孕期报名参加相关课程。

分散注意力法

反复默念某个词语，反复默唱一首你最喜欢的歌曲，默忆美好往事的场景片段，数羊（1只羊、2只羊、3只羊……）。

按摩

抚摸、按摩酸痛的部分，特别是除小腹外不适的部位。宫缩时，准妈妈往往会觉得腰部超级难受，通过按摩常能有效缓解。

麻醉法

即人们常说的"无痛分娩"。目前应用最广泛、效果最确切、最安全有效的就是"椎管内阻滞"。医生在产妇椎管里放入一条导管，导管的另一端和一个镇痛泵连接起来。当疼痛难忍时，可以按一下镇痛泵上的按钮，低浓度的局部麻醉药物和小剂量的镇痛药物，就会通过导管注入椎管里。

以上这些方法，因人而异，在实战中得试着交替使用。无论哪种方法，有一点要牢记——不能大喊大叫。无论怎样喊叫，疼痛都无法缓解。大喊大叫会导致腹部胀气，还会过分消耗体力。严重的会让准妈妈缺氧，危及生命。

4. 准妈妈何时去医院待产

孕晚期随时可能临产。什么是临产？产科大夫的描述简单明了：规律宫缩、破水或者见红，就可以来医院了。对经产妇来讲，一听就明白。可是对初产妇来说，会有很多困惑。什么是规律宫缩？破水是什么感觉？出多少血算是见红？这里详细解释一下这些问题。有些准妈妈临产之际，总是担心自己判断不清楚，错过些什么信号。其实，不用太紧张！先做好功课。等到真的临产时，你一定会有感觉的。

规律宫缩

有些人会在正式临产之前有一些不规律宫缩，过一段时间又会消失。这种宫缩，一般会隔个十来分钟有一次，宫缩的强度不大。随着分娩临近，宫缩的间隔时间会越来越短，强度会逐渐增大，持续时间会逐渐延长。

举例说明：临产前的某一天，有些孕妇会感觉到小腹有一阵奇怪的感觉，有些发紧，让人心慌，持续 10 多秒后，就消失了。过了

10 多分钟，这样的感觉又来了。想要再仔细体验一下，可是一直等到当天很晚，类似的感觉也没有出现。这是"不规律宫缩"。

不规律宫缩来了，临产的规律宫缩也将很快来临。

规律宫缩：临产初期，宫缩是 5~6 分钟一次，持续 10~20 秒。进入宫缩活跃期后，大约每 3~5 分钟会有一阵宫缩，每次宫缩持续 30~60 秒。宫缩时的疼痛，不会因为身体活动或体位改变而减轻。可以通过走路、运动等缓解的宫缩，都是"假宫缩"，不必太在意。

的确，对没有经历过宫缩的人来说，单凭文字讲述，可能无法想象宫缩究竟是什么样的。只可意会，不可言传哪！其实，不必太纠结！一旦临产宫缩来了，你肯定会知道的。身体的本能会帮助你判断的。

宫缩刚开始的时候，可以在家里先观察一段时间。等到差不多每 5~7 分钟一次宫缩时，再去医院也不迟。

见红

就是私处出血。见一点红就算"见红"，但不必马上去医院。一般见红后 24~48 小时才会分娩。见红的出血量一般都比月经要少，颜色要暗。有少许的血性分泌物出现，可以暂时观察；如果出血像月经那样多、那样红，就要去医院看急诊。

破水

胎膜的作用是维持羊膜腔的完整性，对胎儿起到保护作用。正常情况下胎膜应在临产后、子宫口近开全时才破裂，进而羊水外漏，也就是俗称的"破水"。

有些孕妇还没有临产，胎膜就发生破裂，这种情况属于"胎膜早破"。未足月胎膜早破，孕龄 <37 周，预示将要早产。

足月胎膜早破，常常是即将临产的先兆。足月时发生胎膜早破，一般不影响产程进展。但是如有胎位不正、胎儿偏高、羊水流出过多，可导致分娩困难、脐带受压甚至脐带脱垂，发生难产、胎儿窒息等。如果胎膜早破以后，觉得阴道有异物感或者觉得有条索状物落入阴道，要警惕脐带脱垂的发生。

胎膜破裂后，羊水持续流出，量较多。这需要和尿液区别开。尿液的流出多数可控，有尿液气味。自己无法判断时，最好还是去医院。

在家中发现胎膜早破后，需要尽快打电话叫出租车或家人开车送你去医院。最好平卧、抬高臀位转运。不过，也不必过度地紧张害怕。当然，叫救护车也可以。

胎动异常

足月以后，随着羊水量的减少和胎头的入盆，胎动会明显减少。

但是，在胎动比较多的时段，每个小时胎动的次数还是要大于 3 次。如果不满 3 次 / 时，加数 1 个小时。2 个小时胎动满 6 次就可以了。数胎动方法，后续章节有介绍。

如果胎动小于以上的标准，提示胎儿可能宫内缺氧，需要去医院看急诊。有时候，也可能出现小插曲。比如，上午宝宝睡得久了些，胎动不明显，下午又动得正常了。这种情况就不必急着去医院。

临产信号出现了，宝宝很快就要和妈妈见面了！恭喜恭喜啊！

准备待产包

待产包都要准备什么？就诊医院会在产前提供给准妈妈一张"待产包"清单，列出了待产住院期间需要的物品。尽量带全!

◎准妈妈物品

补充能量的食品和饮料、吸管或吸管杯、产褥垫、卫生棉、一次性便盆、吸奶器、一次性防溢乳垫、哺乳内衣、个人生活用品、证件类等。

◎宝宝物品

尿不湿、宝宝湿巾、护臀霜、抚触油、宝宝衣服及包被、棉质帽子、奶瓶、奶粉等。

7

第 七 章

孕期监测

1. 产检在忙些啥

产检，就是对孕妇及胎儿的系统性、规律性保健和检查。项目包括必查和备查两大类：必查项目是每个孕妇都需要检查的项目；备查项目根据孕妇的具体情况，各医院和各地略有差异。正规公办医院的大多数常规检查属于必查项目。

现在推行一旦确诊怀孕，就及时建卡。笔者所在城市，有大卡、小卡之分。口碑好的医院，一卡难求。因而，建大卡是一件技术活，需要尽早准备。

常规产检共计 9~11 次，大体时间节点如下：

首次在孕 6~8 周期间，孕 20~36 周期间，每 4 周 1 次，孕 37 周以后，每周检查 1 次，高危孕妇需要根据具体情况增加产检次数。

笔者本人是孕第 8 周到社区妇幼保健所建的小卡。初次产检，除了做妇科检查外，还测量了血压，化验了血常规、尿常规，做个经腹部的 B 超检查。

笔者本人建大卡的地方是家三甲综合性医院。大卡所在医院，就是你想要在那儿生孩子的地方。这家医院要求孕满 12 周，也就是孕第 13 周开始建大卡。每个准妈妈建卡周数稍有差异，因而每次产检的孕周数有所不同。以孕第 13 周建大卡为例，常规检查如下：

首次产检（孕第 13 周）：血压、体重、腹围、宫底高度、听胎心、血常规、尿常规，妇科检查，血型、肝肾功能、空腹血糖、乙肝表面抗原（HBsAg）、梅毒螺旋体、艾滋病病毒（HIV）筛查、HCG、甲状腺功能，宫颈细胞学检查、心电图检查、超声检查等。这次有很多抽血检查，大约抽了 10 管血，花了近 2000 元。这次检查后，有些准妈妈会被视为"高危孕妇"，大卡上就会贴个爱心标签。

第 2 次产检（孕第 17 周）：血压、体重、腹围、宫底高度、听胎心，血常规、尿常规，唐氏筛查。预约超声检查大排畸。大排畸最佳时间是孕 20~24 周，要提早 1 个月预约，每次只约 10 个。大排畸见下一节介绍。

第 3 次产检（孕第 21 周）：血压、体重、腹围、宫底高度、听胎心，血常规、尿常规。

第 4 次产检（孕第 25 周）：血压、体重、腹围、宫底高度、听胎心，血常规、尿常规，糖尿病筛查（孕第 26 周）。

第 5 次产检（孕第 29 周）：血压、体重、腹围、宫底高度、听胎心，血常规、尿常规。

第 6 次产检（孕第 33 周）：血压、体重、腹围、宫底高度、听胎心，血常规、尿常规，胎方位、超声检查。

第 7~10 次产检（孕第 37 周起直到分娩，每周 1 次）：血压、体重、腹围、宫底高度、听胎心，血常规、尿常规，胎方位、宫颈成熟度、无应激试验、胎心监护，视具体情况做超声检查。

这些检查项目很重要哦！它们的动态变化，反映出胎儿及母体的健康状况。如果准妈妈的某项指标有问题，会引起医生的注意。然后医生会询问病情或做进一步检查，及时排除可能存在的异常。

小贴士　产检注意事项

产检时衣着尽量宽松，鞋子易穿脱。

进行肝肾功能、血糖及 OGTT 检查前需要空腹。

唐氏筛查、羊穿、胎儿排畸 B 超检查等有严格的孕周要求，一定要按预约时间检查。

胎儿排畸 B 超俗称三维，实际是以二维超声为基础，进行三维重建成像。所谓的四维多以商业利益为目的，建议准妈妈去专业规范的医院进行胎儿排畸检查。

某些地区社区医院和综合医院或妇幼保健院中未达到所有检查项目互认，所以有些项目需要重新复查。

TORCH 筛查，有些地方称为"优生 4 项"或"优生 5 项"，也就是弓形虫、巨细胞病毒、单纯疱疹病毒、风疹病毒的血清学筛查，建议备孕女性在怀孕前筛查。

2. 奇妙的超声检查

最常见的超声检查是二维超声。声波由超声探头传递至人体，遇到人体组织后发生反射，就好像回声一样。不同组织的反射波不一样。超声仪器的传感器接收反射波并分析，就可以看到内脏的图像。目前，没有证据证明超声对胎儿的生长有害，也没有发现胎儿期的超声检查与儿童期的肿瘤或发育障碍有任何联系，所以将超声检查作为孕期的主要影像学检查手段。

大家都熟悉超声检查在产检中的重要性。可是，每次做完超声检查以后，准妈妈们或多或少会遇到一些问题和困惑。

下面把有关孕期超声检查的知识和大家分享一下。

超声检查的价值

孕早期，医生借助超声来明确妊娠，观察胎儿生命迹象，排除宫外孕，确定胎儿数量。

孕中晚期，检查胎儿的身体结构，判断胎儿生长是否正常，确定胎方位，观察胎儿的呼吸和心率等；还可以检查胎儿的附属结构，如胎盘、脐带、羊水等是否有异常。

超声还用于筛查一些先天性疾病，比如先天性心脏病。

除此以外，绒毛膜取样和羊膜腔穿刺也在超声的帮助下完成。

超声检查的类型

从探头摆放位置来分，有经腹和经阴道两种。根据不同的需要，由医生来决定采取哪种类型的检查。超声检查时，尽可能穿宽松一点的衣服，方便暴露检查部位。怀孕早期常用经阴道超声检查，经腹超声常用于怀孕10周以后。经腹超声检查一般要憋尿，使膀胱充盈，以便于医生更好地观察盆腔的卵巢、子宫等器官。经阴道超声检查不需要憋尿。

二维超声：产前检查是看胎儿结构，二维彩超更准确。目前，排除胎儿畸形主要依靠二维超声。

多普勒超声：腹部超声检查中的一种特殊技术，用于计算胎儿脐带或者其他血管中的血流，也用于听胎心。

三维超声：由许多不同角度拍摄的二维图像整合而成，能够直观地看到胎儿立体形态。三维只在脊柱、心脏、颅脑诊断上才有优势。孕期在排除胎儿畸形时才会使用三维超声。

四维超声：类似于三维图像，只不过它可以展示胎儿的动态表现。在确定胎儿健康方面并不具有更大的优势，宣传者多以商业利益为目的。即使是四维，也会受胎儿体位和姿势的限制，有超声探头检查不到的地方。

生物工程学专家和医学专家们担忧，超声检查可能存在尚未被发现的风险。所以，在没有任何疾病的情况下，不会让孕妇频繁地进行超声检查，也不推荐非医学需求的四维超声。

普通 B 超是黑白的，彩超是高清晰度的黑白 B 超再加上彩色多普勒。

检查的时间节点

如果准妈妈们早早做好了功课，严格按医院的要求产检，那么，在整个孕期，孕妇通常会做 4~5 次超声检查。这里以 5 次检查为例，介绍一下每次检查的具体目标和侧重点。

孕6~8周的检查

早孕超声的目的是确认准妈妈和宝宝都安全！

除了确认孕周外，超声检查还能确认是宫内妊娠还是宫外孕。每 100 个怀孕妇女当中大约有 2~3 个宫外孕，很危险。本次超声会报告孕囊的位置是否在子宫内。

单胎还是双胎或多胎：双胎和多胎不仅让人惊喜，也意味着风险和麻烦。如果是双胎和多胎，还要判断绒毛膜性（太复杂，不解释了）。

胚胎是否存活：胚芽、胎心的情况。胚胎停止发育、早期流产占一定客观比例。大约 15% 的结果是让人失望的。

孕12周左右（建卡）

仍然是确认准妈妈和宝宝的安全！

评估子宫、附件；胎心率；有的医院会做 NT 筛查（胎儿颈后透明带厚度，和唐氏综合征、先天性心脏病有关）。

孕期超声可用来计算预产期。与按照末次月经计算相比，超声检查更加准确。

孕20~24周的系统超声检查——大排畸

胎儿身体的大结构畸形筛查俗称"大排畸"，是孕期最为详细的一次超声检查。除了看胎儿的生长发育状况、胎盘、羊水等一般情况以外，还对胎儿的各个器官和系统进行详细检测，了解胎儿是否存在大的结构缺陷，尤其是致死性疾病。宫内被确认为严重心血管缺陷的胎儿，能够长期存活的极少。

为什么选择孕 20~24 周？中国医师协会超声医师分会定下这个时间段，主要有两个原因。一是在这个时间段可以发现大多数的胎儿结构异常。做得太早，胎儿比较小，器官还没发育充分，发现不了相应的结构异常。二是为了终止妊娠的考虑。如果更晚些时候才发现大的畸形，胎儿已经进入可以存活的阶段，终止妊娠存在伦理问题；而且，此时人为地终止妊娠，会给孕妇带来的是身体和心灵的双重打击。

孕32周的检查

主要监测胎儿的生长发育情况。确定胎儿是否正常、羊水是否过多、胎位是否正常等。

孕37周的检查

对胎儿体重进行估计，确认分娩方式。

产科超声报告的常见问题

双顶径大，是不是一定要行剖宫产手术？宝宝双顶径偏大，还是可以顺产的。宝宝的颅缝没有闭合。分娩时，宝宝的头从圆圆的变为长长的，生后几天就恢复正常形态了。

宝宝腿短？如果是超声或产科医生嘴巴里嘀咕的"宝宝腿有些短"，常无大碍；如果明确低于标准值范围，达到异常诊断的，超声医生会在报告中写清楚。这种情况，得进一步观察或做些其他检查。

复杂畸形怎么办？最重要的是选择合适的医院就诊，找到最专业的医生团队咨询。最好到有后续处理能力的产前诊断中心（胎儿医学中心）就诊。比如，先天性心脏病，上海儿童医学中心和新华医院在国内是权威。胎儿中枢神经系统的异常，比如，侧脑室增宽，可以考虑胎儿 MRI（磁共振）。如果经过咨询还不明确，可以换一个医生或到这方面更专业的医院就诊。

不要问医生，如果是你的话会怎么做？职业状态下的医生和作为患者的医生，思维方式不一样。

大家都希望有一个完美的宝宝。所以，遇到胎儿结构异常时，即使是小的结构异常，不少人也会纠结于是否要终止妊娠。然而，随着社会文明的进步，大家的观念将逐渐发生变化。我们可能得学会接受不完美的宝宝。多获取些科学信息，权衡一下利弊，家人共同商量。毕竟是生命！

解读超声报告的困惑

现在超声仪器的分辨率越来越高，可以发现更多以前看不到的细小变化，但同时也给医生的解读带来了一些困扰。有些细小的变化，临床意义并不太明确。超声医生看见了，如果不写下来，会感觉心里不踏实，害怕承担莫名的风险；写进超声报告后，产科医生又很难用专业的医学知识给准妈妈们解释得很透彻。

有准妈妈和笔者抱怨过：多检查，多担忧。遇到问题后，准妈妈们问"度娘"，查百科。搞了半天，也未必能弄清楚，结果平添了很多烦恼。大多数医生忙得底朝天，估计也没多少工夫给您解释。

其实，很多问题没那么复杂，也没那么严重。不必想太多！严重的问题，产科医生一定会强调清楚的。

3. 电子胎心监护

电子胎心监护是通过波形分析来对胎儿在宫内的情况做出判断。胎儿的正常心率范围是 120~160 次 / 分。胎心在 160 次以上或 120 次以下均属不正常，低于 100 次提示严重缺氧。胎儿窘迫时先是表现为胎心加快，之后心跳开始变慢、变弱，节率也变得不规则。

家用胎心仪

对准父母来说，有实时获取宝贝信息的需求和愿望。于是，家用胎心仪应运而生。只需要每天三次，往肚子上涂点果冻胶，再拿起听诊器听听，就可以了。借助胎心仪，准父母们自己在家就可以听到胎儿心跳，感受其中的乐趣，也是孕期的一种幸福。

但是，根据胎心仪的数字结果，就可以判断胎儿的健康状况了吗？不是。且不说准妈妈们能不能正确放置听诊器位置，是不是真的会听；就算真的会听，听到异常时，也往往是在胎儿活动出现异常后的 1~2 天，为时已晚！胎心仪只能告诉我们，在听的那一分钟里，胎儿有没有心跳，以及心跳有多快，是短暂的状态评估。下一分钟会发

生什么，并不清楚。也就是说，胎心仪对胎儿可能发生的问题，反映得既不及时也不全面。有时，它甚至会出现提示危险的假象。

胎儿的健康监测，更需要关注胎心的动态变化。

胎心监护（简称"胎监"）

它和家用胎心仪可不同。胎心仪仅仅是听听胎心次数，也就是胎儿心率。胎心监护，不是某一刻，而是一段时间内胎儿心跳节律的变化。也就是把每个时间点的胎儿心跳速率都记录下来，然后连点成线，所以能反映更多问题。比如，胎心监护可以发现监护的时间段内，胎心率的连线太平稳，没有出现应当出现的波动。然而，在这段时间内任意一个时间点听胎心，结果都是正常的。如果仅凭胎心仪的心率数值，就会误认为宝宝无恙。通常在孕34周后医院会安排准妈妈做胎心监护。

胎心监护比胎心仪更靠谱，但有时也会有误判。最靠谱、零成本的是"数胎动"，且听下回分解。

4. 数胎动

数胎动是非常有用的孕妇自我监测手段，能及时发现胎儿宫内缺氧等异常情况。

胎动是什么？

胎动是指胎儿在子宫里的活动。通常在孕 18~20 周，胎动开始出现。准妈妈们别把吃完饭后的肠子蠕动误当作胎动哈！正常肠蠕动时，会感觉肚子里有气体移动的感觉，或者咕噜噜的声音。这不是胎动。准妈妈最初感受到的胎动，多是一种肚子里面晃了一下的感觉。

胎动刚能感受到的时候比较轻微，次数也较少。之后会越来越剧烈、频繁、明显。孕 28~32 周，胎动最强烈。孕 36~38 周以后，胎动幅度、次数逐渐减少。

胎动在上午 8—12 时比较均匀，午后 2—3 时最少，晚上 6—10 时最频繁。

准妈妈们不要过于担心为什么自己还没出现胎动。这种来自身体内部的"动静"独特得很，足以让你铭记一生。

胎动怎样计数?

从怀孕满 28 周开始,分别选择早、中、晚饭后相对固定的时间,各数一个小时。三个小时胎动数相加后乘以 4,就得到了 12 小时的胎动总数。每一次连续的活动从开始到静止计为一次。

在宝宝活动较多时计数,数的时候要静坐或侧卧。选择饭后数胎动,是因为那时血糖水平较高,宝宝精神饱满,比较活跃。

胎动的正常范围是什么?

健康宝宝的胎动应该是每小时 3~5 次,12 小时应该有 30~40 次,或者更多。若 12 小时胎动还不到 10 次,或者比平时的正常数值减少半数以上,又或者胎动过于频繁,均提示胎儿可能缺氧,应该立即去医院。

需要说明的是:如果某次计数发现,一小时内胎动次数明显减少,比如,平时有 3~5 次,这次却只数到了 1~2 次,先别着急!这有可能是宝宝在休息,也有可能是妈妈情绪波动、累了、饿了,或者睡眠质量不好。这时,准妈妈要找个轻松的环境,侧卧,让自己心情平静,再重新计数一个小时,没准就又恢复了。但如果胎动仍然很少,最好求助于医生。

当然,胎动绝对不是越多越好。如果一直在不停地频繁胎动,有可能是早期缺氧的求助信号。如果被忽略了,接下去胎动就有可能会减少、消失，甚至是胎儿死亡。

怎样才算一次胎动呢？

遇到爱动的宝宝，动起来的时候，连续性特别好。每次你以为他要停下来了，他却接着又来一阵。这些断断续续的动弹，应该算一次还是多次？

别把宝宝的每一次动弹都当成一次独立的胎动。至于究竟间隔多久才能算单独的一次，可以灵活掌握。可将 1~2 分钟内的几次胎动合并成一次。数胎动不用太死板！连续数几次后，你就会掌握宝宝活动的规律。有些小动静，算一次还是算多次，只要前后标准统一就可以了。

胎动还是打嗝？

有时准妈妈可能会感觉到肚子的下角有轻微的规律性抖动，幅度比胎动要小，两三秒钟抖一下，总共持续几分钟才消失。别紧张，这是打嗝！

宝宝出现异常时，胎动常比胎心更早地反映问题。所以，数胎动这个看起来原始的方法，虽然较为费时费力，却是对宝宝健康靠谱的监测方法。

5. 唐氏筛查

"唐筛"和"糖筛",发音相同,你可别弄混淆了。唐筛,是唐氏综合征的筛查;糖筛,是血糖检查。

小贴士 唐氏综合征

唐氏综合征即21-三体综合征,又称先天愚型,是由染色体异常(多了一条21号染色体)而导致的疾病。60%的患儿在胎内早期流产;存活者有明显的智能落后、特殊面容、生长发育障碍、免疫力低下和多发畸形。目前尚无有效治疗方法,最好在生产前终止妊娠。孕妇年龄愈大,风险愈高。

唐筛

唐筛是唐氏综合征产前筛选检查的简称,指在特定孕周,通过检测孕妇血清中 PAPPA、AFP、HCG、uE3 和 Inhibin A 的含量(专业医学指标,甭管具体啥意思了),结合孕妇的年龄、孕周、体重、是否吸烟、是否患有胰岛素依赖性糖尿病等临床信息,通过风险评估软件计算出风险值。进行唐筛有两个时期。一般来说，孕 15~20 周是唐氏筛查的最佳时期。

"早唐"，孕 11~13 周，包括超声 NT 检查和抽血化验上述血清指标。NT 是英文单词缩写，中文是"颈部透明带"的意思，是指胎儿颈部的一个透明的液体。NT 仅仅在胎儿 11~13 周这一时期才存在。11 周之前，NT 还没有完全形成。14 周开始，便逐渐被淋巴系统吸收，变成颈部褶皱。11~13 周期间，NT 越厚的胎儿，出生后患有染色体问题和心脏等问题的概率就越高。NT 检查，必须配合血清指标进行综合评估。

"中唐"，孕 15~20 周。医院会检测上述血清指标，并结合孕妇的年龄、孕周、体重、是否吸烟等，通过风险评估软件计算出胎儿罹患唐氏综合征的风险。

无论早唐还是中唐，一般抽血后一周内孕妇可拿到筛查结果。如果筛查结果显示危险度比较高，要进一步通过绒毛活检（早期）或羊水穿刺（中期采集羊水中的胎儿细胞），进行胎儿染色体核型分析（染色体有无异常），才能明确诊断。羊膜穿刺检查简称"羊穿"。

搞清楚这些概念后，我们来看看准妈妈们常见的困惑。

早唐和中唐，哪个更准确？

早唐和中唐都只作为筛查手段，不能确诊。筛查手段通常都是以"检出率"和"假阳性率"来评价。检出率高，假阳性率低，那就是一个好的筛查手段。国内目前的情况是，早唐的检出率高于中唐，假阳性率低于中唐。早唐貌似略优于中唐。

可是，为什么很多医院没有早唐？那是因为早唐必须加做 NT 检查。NT 检查对超声医生的技术要求和超声机器的配置要求很高，国内获得 NT 认证的医生并不多。NT 检查还取决于宝宝的位置。如果宝宝的位置不好，无法获得最佳检测平面，NT 的测量就不准确。一般一个 NT 测量至少需要 20 分钟。NT 检查是早唐无法大规模开展的瓶颈。

高龄孕妇的唐筛选择

35 岁以上属于高龄孕妇，建议直接进行"无创产前基因检测"。高危者，进一步做羊水穿刺以确诊。

无创产前基因检测技术

采集孕妇静脉血，利用新一代 DNA 测序技术对母体外周血浆中的游离 DNA 片段（包含胎儿游离 DNA）进行测序，并将测序结果进行生物信息分析，可以从中得到胎儿的遗传信息，从而检测胎儿是否患唐氏综合征等染色体疾病。

这项技术的高明之处在于直接检测胎儿游离 DNA，因而准确率高。但从经济角度来看，目前无创检测的成本较高，还不适合作为主要筛查手段展开。

羊水穿刺的纠结

有的准父母会问医生，夫妻双方身体都正常，家族里也没有人患唐氏综合征，为什么要做唐氏筛查？95%左右的唐氏综合征患者，父母均正常且家族中也没有人患唐氏综合征。其发生机制是受精卵早期细胞分裂错误，或生殖细胞（精子或卵子）分裂错误。仅有5%以下的唐氏综合征的发生与父母染色体结构异常（如易位）有关。唐氏综合征对家庭可能会带来重创。因此，不管是否有家族史，孕妇都应该进行唐筛。

唐筛提示高危，需要做羊水穿刺。羊穿有可能会导致流产。尽管风险很低，但并不是无风险。怎么选择？准妈妈好纠结啊。

理论上，羊穿流产的概率大概为1/300；实际流产率在每个产前诊断（胎儿医学）中心是不一样的。高水平的产院，羊穿后的流产概率大约为0.5/1000，和相应孕周的自然流产率差不多。究竟做还是不做羊穿，准父母要在权衡利弊之后再做决定。

专家的建议是，选择做羊穿，最坏结局是流产。然而，面对唐氏综合征的高风险，却不能有侥幸心理！如果不做羊穿，一旦孩子真的是"唐宝宝"，无法治疗，没有自理能力，需要常年看护，孩子和家庭生活的质量可想而知，你将如何面对生活的重负？

其实，整个孕期有不少对母亲和胎儿不利的概率出现。只要进行正规的产检，多数风险可控。千万不要自己在网上瞎看，无端地增加烦恼。

8

第 八 章　**孕期常见疾病**

1. 准妈妈感冒了

准妈妈总是小心又小心，但难免会有感冒之类的小状况。有的准妈妈患了感冒，无论症状轻重，都不敢吃药。准妈妈感冒，真的只能硬扛吗？下面，我们聊聊如何科学应对孕期感冒。

普通感冒，的确可以先扛！

亲朋大多让你扛，"可千万别吃药，挺住！""吃药对孩子不好，一定不能吃哦！"因为大多数人认为吃药对胎儿不好。其实，科学的理由是：普通感冒，原本就没必要吃药。

小贴士

普通感冒，俗称伤风，通常由病毒引起；少数由细菌引起，或合并细菌感染。大多数病毒没有特效药。普通感冒通常一周就会自愈。只要没有严重的新情况，不必吃药。流鼻涕，打喷嚏，轻微干咳，不发热，又不合并其他病症，不会对宝宝有害的。

什么情况该去看医生？如果确定是普通感冒，症状不严重，没有高热（体温大于 39 ℃为高热），准妈妈们不用太担心。多喝水，多休息，暂时不用去看医生，也不要吃药。

如果自己感觉症状严重，难以忍受，或者发热，应该尽快就医。医生会根据你的症状、体格检查（如咽喉红不红、呼吸是否急促、肺部听诊有没有罗音等）、辅助检查（如血常规），判断是否合并有细菌感染，再决定如何治疗。

病毒性的普通感冒，医生基本都会让你回家继续扛！

真的难受死了，吃点药缓解一下，行吗？可以。吃一些复方感冒药来缓解鼻塞、流鼻涕、咳嗽等症状，能让人舒服一些。但是，常用感冒药大多是 C 级（详见"孕前用药安全"一节），需要咨询医生后才能用。孕妇如果发热，可以用对乙酰氨基酚来退热。

咽喉疼痛，每日用温盐水漱口多次，可以缓解咽喉疼痛或沙哑。如果疼痛剧烈，可以在咨询医生后服用药物。

咳嗽时，宜多饮水来湿润呼吸道黏膜，有助于稀释痰液；还可以吃梨膏糖或蒸梨，一日多次，化痰；若咳嗽影响睡眠，可以在睡觉时垫高枕头。大多数止咳药含有右美沙芬，孕期不建议使用。

鼻塞可以选用海盐水喷雾剂洗鼻，也可以吸入湿热蒸汽来缓解鼻塞。

抗生素可怕吗？怀孕了，吃药需要慎重。如果医生判断存在细菌感染，就需要使用抗菌药物——抗生素，也就是大家熟知的消炎药。孕期相对安全的抗生素较多，比如青霉素、阿奇霉素、头孢类抗生素等。如果医生判断你的病情较重，用抗生素利大于弊，会建议使用。

中药比西药安全，真的吗？仔细看中药或中成药的说明书，不良反应那里写的常常是"尚不明确"。意思是：不知道有没有危害。笔者觉得，还是不要冒险去吃不知道会不会有危害的药物。

流感季节要当心！

流行性感冒，简称"流感"，是一类由流感病毒引起的特殊性病毒感染。如果孕期感染了流感病毒，容易发生严重并发症，甚至死亡。有报道显示，孕早期感染可能会增加胎儿畸形的风险。目前治疗流感的抗病毒特效药物，如奥司他韦（达菲）、扎那米韦，为妊娠期 C 级，不能排除孕期使用对胎儿产生不利影响的可能，但由于孕妇患流感之后更容易发展为重症，甚至死亡，因此，权衡利弊后，建议尽早使用。

最后，还有一句忠告：不能死扛！有些准妈妈感冒后，咳嗽越来越重，甚至发热了，病情迁延不愈，继续扛。那可不行！如果发展成肺炎，出现宫内感染，那就糟了。

不该吃药绝不乱吃；该吃药时，不要总想着药物的安全问题。有些时候，相比药物的副作用而言，疾病本身对孕妇和胎儿的影响更严重。吃不准，那你就相信你的主治医生，相信科学吧！

2. 警惕宫外孕

异位妊娠，俗称宫外孕，就是受精卵这个种子，没有种到子宫里，而是种到子宫外面去了。最多的就是停在输卵管里。输卵管的管壁比子宫壁薄多了。这种情况下，受精卵还没长多久就把输卵管壁给穿透了，也就是妊娠包块破裂。

不同地方的破裂、破口的大小不同，出血的迅猛程度不一样。很多时候只是破一个小口，血块正好凝固堵在破口上头，出血不那么急，还有送医院抢救的机会。如果破口比较大，或者破口的位置不好，情况就比较紧急，甚至可能来不及送医院就大出血死亡了。

这么严重的毛病，一点儿早期症状都没有吗？医学书上说，典型症状是停经、腹痛和阴道流血，但实际上很多宫外孕都没有这么典型。比如，有一部分人的阴道流血出现在下次差不多该来月经的时候，结果停经和阴道流血两个症状全都被忽略了。还有一种情况就是，错把出血当先兆流产而保胎了。有些人还真没出过血，也没有肚子痛，就跟正常怀孕一样，冷不防地突然就破裂了。

其实，宫外孕是可以提前发现的。比较好的方法是 B 超。如果血液或尿液检测确认怀孕了，但是 B 超检查在宫腔里面没看到胚囊，而在子宫外面看到包块的回声，那么就要小心，可能是宫外孕！通

常 B 超要到怀孕 40 天以后才能做出来。更早一点儿发现的办法是抽血化验 HCG。如果 HCG 值隔天能够翻倍，那么宫外孕的可能性就很小了。

宫外孕是妇科急诊夜班最常见的疾病。现在的发病率是每 100 个孕妇中有 2~3 个；如果曾经发生过一次宫外孕的话，再次宫外孕的风险会增加 10 倍。

遗憾的是，目前的医学水平还不能预防宫外孕。宫外孕只能早发现、早处理，因此孕早期就诊很重要。自己在家检测出怀孕的准妈妈们，要尽早到医院确认一下哦！

3. 胎位不正怎么办

有些准妈妈产检做完彩超后，被医生告知胎位不正。电视剧、电影中经常提到古代人因胎位不正而导致难产，大人孩子都保不住的情况。

胎位不正是怎么回事？

胎位，是宝宝在妈妈肚子里的位置和姿势。大多数宝宝的胎位都是正的，医生给这个位置取名为"枕前位"，就是宝宝倒立在妈妈肚子里，头在下，屁股朝上，后脑勺冲着前面。绝大部分这个胎位的宝宝可以顺利地自然分娩出生。

除了"枕前位"，其他的胎位都叫作"胎位不正"。

"枕后位"，宝宝脑袋朝下，不过在前面的不是后脑勺，而是脸。这种情况大部分宝宝还是可以顺产的，但可能会有些小阻碍。

"臀位"，最常见的一种异常胎位。胎儿头朝上，屁股冲下蹲着，或者伸直了一条腿。

"横位"，胎儿横躺在妈妈子宫里。

胎位不正能纠正吗?

孕 28 周前,大多数宝宝可以在妈妈肚子里自由活动,姿势不固定。大约九成的胎位不正,会自动转为正常的胎位。

孕 28 周之后,胎位还是不正,就必须引起重视。

孕 28~34 周是纠正胎位的最佳时机。孕 38 周之后还是胎位不正的话,恐怕就难以纠正了。

因而,有些胎位不正的准妈妈会问:"我是不是要难产了?"其实,没有想象的那么可怕。有一部分胎位不正是可以纠正的;就算纠正不了,还可以选择剖宫产。

怎样纠正胎位?

对于没有并发症的准妈妈,产科大夫会推荐"胸膝卧位"来纠正胎位。具体做法不描述了,网络有视频和图片可参考。

不过,这种纠正方法的有效性最近出现了争议。大样本统计结果发现,改变孕妇体位对改变胎儿体位并没有帮助;那些显示有效的,就算不去干预,宝宝自己也可能转过来。

对准妈妈而言,可能还是很想尝试一下、努力一下,说不定有用呢?目前来看,这个动作也没什么害处。要提醒的是,准妈妈们应当根据自己的身体情况和医生的指导进行调整,千万不要自作主张,勉强进行纠正。

胎位不正可以顺产吗?

如果到临产时还是胎位不正,也并非全都要剖宫产。比如,臀位宝宝如果体重较小,产妇有过顺产经历、骨盆够大,也可以考虑顺产。医生会在顺产过程中实施内倒转术。这种操作必须在正规医院,由经验丰富的接生人员执行,而且需要做好剖宫产的准备。

横位,容易引起脐带脱垂,甚至有子宫破裂的风险,严重威胁母婴生命,应该考虑直接剖宫产。

4. 前置胎盘

"前置胎盘"是让不少准妈妈提心吊胆的事情之一。超声报告"前置胎盘"，那还能不能顺产？何时会出血？会不会大出血？要卧床休息吗？有时医生的说法还各不一样，准妈妈们很是担忧。

导致前置胎盘的原因是什么？

前置胎盘并不少见。诱因很多，比如有剖宫产史、多次宫腔操作史，子宫畸形，子宫肌瘤，有过前置胎盘等。

早期正常的胚胎应该种植在子宫宫腔的上部。但是由于宫腔受到过一些不良因素的影响，胚胎就种植在宫腔的下端，此时随着胎盘的生长和延展，和子宫内口的距离就非常近。孕早期超声检查时发现胎盘位置低，并不需要担心。因为随着子宫的增大，多数胎盘位置会逐渐向上移行。

前置胎盘还能顺产吗？

孕中期，如果胎盘下缘覆盖宫颈内口超过 15 毫米以上的话，足月时依然为前置胎盘的概率将明显增高；而且覆盖宫颈内口的长度越大，剖宫产的概率越高。

究竟是否可以顺产，还需要在孕 35~36 周时进行超声检查。前置胎盘诊断的黄金标准是经阴道超声检查，因为经腹部超声检查的假阳性率比较高。

临产前，如果胎盘边缘距离宫颈内口的距离超过 20 毫米，可以试着顺产。如果胎盘边缘距离宫颈内口的距离为 0~20 毫米，剖宫产的概率比较高，但是依然有顺产的机会，这取决于临产前或产程中是否有阴道出血等情况。

出血怎么处理？

孕中晚期，有些完全性前置胎盘或部分性前置胎盘患者会有出血。对于少量出血，暂时不需要住院观察。对于出血量中等或偏多的患者，应当住院观察。不过，住院并不意味着要绝对卧床休息。

在前置胎盘中，风险比较大的是上次剖宫产，这次胎盘种植在子宫瘢痕上。这种情况如果发生胎盘植入，分娩时容易出现大出血和子宫切除。遇到这种情况，一定要到有抢救条件的大医院就诊。

5. 什么是妊高征

妊娠期高血压综合征，简称为"妊高征"。这是妊娠期特有的疾病，包括妊娠期高血压、子痫前期、子痫、慢性高血压并发子痫前期以及慢性高血压。本病严重影响母婴健康，是孕产妇和新生儿死亡的主要原因之一。所以，笔者觉得很有必要介绍一下妊高征。

产检时每次都要量血压，正是为了尽早发现这个疾病。很多孕妇在怀孕之前就已经有高血压了。严重高血压孕妇发生心脑血管意外、肝肾功能衰竭、胎盘早剥，甚至死亡的风险很高；发生流产、早产，甚至死胎的风险也同样升高。

妊高征的主要临床表现为妊娠 20 周后出现高血压、水肿、蛋白尿。轻者：血压轻度升高，可无症状，或轻度头晕、伴水肿或轻度蛋白尿。重者：血压升高明显，头痛、眼花、恶心、呕吐、持续性右上腹痛等，蛋白尿增多，水肿明显，甚至昏迷、抽搐。

妊娠期高血压

病情最轻的一种，血压 $\geq$ 140/90 mmHg，妊娠期出现。产后 12

周内恢复正常，尿蛋白阴性，可有上腹部不适或血小板减少。但是，产后方能确诊。因为在产前的时候，并不清楚这种高血压是否会在产后消失。如果产后高血压持续存在，则属于慢性高血压，而不是妊娠期高血压。

子痫前期

妊娠20周后，血压≥140/90 mmHg，且尿蛋白≥300 mg/24 h或（＋）。可伴有上腹部不适、头痛、视力模糊等症状。轻度子痫前期合并轻度肾脏损害，重度子痫前期合并肾脏等多个器官的明显损害。妊娠期间出现高血压不一定是子痫前期，但持续升高到一定程度就是了。子痫前期的孕妇，需要加强病情观察。但有些孕妇对产前检查不以为意，甚至压根不知道自己是子痫前期，直到快生了才去医院，这样非常危险！

子痫

子痫是孕妇的一种非常严重的疾病状态。典型表现是高血压、抽搐。"痫"是癫痫，也就是严重抽搐、不省人事。因为和孩子有关，所以称之为"子痫"。不要认为血压只是升高了一点儿就不在乎，更不要因为没有不舒服的感觉而不去做产检，甚至血压从没测量过。一旦发生子痫，母婴都会有生命危险。

慢性高血压并发子痫前期

怀孕前已有高血压的孕妇，在怀孕前没有蛋白尿，怀孕后出现尿蛋白 ≥ 300 mg/24 h；或怀孕前有蛋白尿，怀孕后蛋白尿明显增加；或血压进一步升高；或血小板减少（ < 100 × 109/L）。

妊娠合并慢性高血压

孕 20 周前即出现收缩压 ≥ 140 mmHg 和（或）舒张压 ≥ 90 mmHg，孕期无明显加重；或者孕 20 周后首次诊断高血压，并持续到产后 12 周以后。

妊娠期高血压会威胁到母婴健康甚至是生命，需要尽早发现、及时控制。发生过重度子痫的孕妇再度怀孕，再次发病的风险会很高！可惜的是，以目前的医学水平，除了积极保持观察，还没办法从根本上防止妊娠期高血压、子痫。如果真的发生了危及孕妇生命的情况，应及时终止妊娠，一定不要拿生命当赌注！

怀孕前就有高血压，该怎么办？

对于准备怀孕的女性来说，了解自己的血压状况非常重要。有不少人觉得自己平时身体很好或者年纪轻，没有什么不舒服的症状，应该不会有高血压。这种想法是错误的。等到出现高血压的症状，有可能已经是严重情况了。

备孕期女性测量血压是必需的。不同日子分别测量血压3次。这3次结果都高于140/90 mmHg，则很可能是高血压，应该到心内科接受正规诊断和治疗。多数人可能需要口服降压药物治疗，待血压控制平稳后再怀孕。

如果血压在怀孕前得到良好的控制，孕期保健也做得到位，通常是安全的。轻度到中度高血压的孕妇，通常在孕早期第一次产检时停用降压药。此后，每2~4周产检一次，监测血压以及其他系统情况，根据病情变化调整用药。

高血压女性进入孕晚期，容易出现各种并发症，所以除了定期的产检之外，还要适当增加产检的次数。只要足够重视，即使患有高血压，也可以平安度过孕产期。

6. 妊娠期糖尿病

怀孕可以使以往没有糖尿病的孕妇发生糖尿病，也能使原有糖尿病的患者病情加重。妊娠期间的糖尿病有两种情况，一种是妊娠前一切正常，怀孕后才出现的糖尿病，称为妊娠期糖尿病，另一种是在原有糖尿病的基础上合并妊娠，称为糖尿病合并妊娠。

糖尿病孕妇中 90% 以上为妊娠期糖尿病。孕中晚期，孕妇对胰岛素的敏感性下降，此时，如果胰岛素分泌不足，可导致血糖升高。

妊娠期糖尿病的危害

对母亲的危害：增加自然流产率；增加妊娠期高血压的发生率；影响孕妇免疫力，易并发感染；羊水过多；巨大儿可能引起难产、产后出血；孕期糖尿病酮症酸中毒，威胁生命等。

对胎儿的危害：增加胎儿宫内生长受限、流产、早产的风险，巨大儿发生率高，增加难产、产伤的发生率。

对新生儿的危害：增加新生儿呼吸窘迫综合征、新生儿高胆红素血症、低钙血症的发生率，新生儿易发生低血糖症。

哪些症状提示可能发生了糖尿病?

孕期出现三多症状,即"多饮、多食和多尿",或者外阴阴道假丝酵母菌感染反复发作,体重超过 90 千克,出现羊水过多或胎儿过大,需要警惕合并糖尿病的可能。但大多数患者没有明显的临床表现。

哪些人容易患妊娠期糖尿病?

(1)有糖尿病家族史;

(2)怀孕前肥胖,体重指数(BMI)≥ 28;

(3)35 岁以上;

(4)曾经分娩过巨大儿;

(5)曾经有不明原因的流产、死胎等不良孕产经历的妇女。

OGTT 是什么?

OGTT 的全名是 75 克口服葡萄糖耐量试验。禁食 8 小时后,5 分钟内口服含 75 克葡萄糖的液体 300 毫升,分别抽取服糖前、服糖后 1 小时、2 小时的静脉血,检测血糖水平。测得的任何一个值达到或超过医学标准,即可诊断为妊娠期糖尿病。

OGTT 检查的最佳时间是孕 24~28 周。但是,对于存在高危因素的准妈妈们，建议在首次产检时直接进行 OGTT 以明确诊断。必要时孕晚期重复检测，因为偶尔一次血糖水平超标并不能代表得了妊娠期糖尿病。

血糖高了怎么办？

对于准妈妈们来说，最佳的方案就是控制饮食、适当运动。

饮食控制：少食多餐、定时定量；粗细搭配、多吃豆制品及各种蔬菜；减少高糖分水果摄入量（比如西瓜、苹果、梨等）；增加食物中的蛋白质比例，以汤—菜—蛋白类—主食（谷物）的顺序进食，这样可以减少碳水化合物的摄入，从而控制餐后血糖的升高。

运动：最简单的运动方式是快步走，每日至少坚持半小时运动；做瑜伽、游泳也可以，但要注意安全。

血糖控制标准是：孕妇没有明显的饥饿感，空腹血糖控制在 3.3~5.5 mmol/L；餐后 2 小时血糖值 4.4~6.7 mmol/L；夜间同餐后 2 小时。最好买个血糖仪在家里自己监测。

如果依靠饮食调整和运动，准妈妈们仍然不能很好地控制血糖，就需要加用胰岛素。胰岛素是大分子蛋白，不会通过胎盘影响胎儿。不推荐妊娠期使用口服降糖药。

产后能断根吗？

大多数患者产后可以恢复正常。问题是大约有 50% 的人将在产后 20 年内发展成慢性糖尿病。

约 2/3 的妊娠期糖尿病患者在下一次妊娠时会再发生糖尿病。

合并肥胖的妇女再发妊娠期糖尿病的概率更大。

产后有什么注意事项？应当在产后第 6~12 周复查血糖。产后每 1~3 年进行一次血糖检测。产后仍然要维持健康的生活方式，注意饮食和运动。

分娩方式的选择

糖尿病不是剖宫产的指征，如果没有并发症、血糖控制得好、宝宝大小合适，可以选择自然分娩。

此外，糖尿病妈妈的新生儿容易出现低血糖、低血钙，出生后需要立即检测血糖、血钙。如果血糖水平偏低，应在开始吸吮母乳的同时滴服葡萄糖液体。即使出生时一切情况良好，也应该按照高危新生儿进行监护。

7. 子宫破裂早识别

子宫破裂是指在孕晚期或分娩期子宫体部或子宫下段发生裂开，是直接威胁母婴生命安全的严重并发症。若处理不及时，母亲死亡率达 5%，新生儿死亡率达 61%。

子宫破裂发生的原因是什么？什么人群会发生子宫破裂？

（1）瘢痕子宫：常见于子宫本身的手术操作，如剖宫产术、子宫肌瘤剔除术、宫角切除术、子宫成形术后。

（2）梗阻性难产：各种原因导致的胎先露下降受阻。为克服阻力，子宫强烈收缩，使子宫下段过分伸展变薄，发生子宫破裂。

（3）多次宫腔内操作，比如人工流产。多次人工流产可导致子宫肌层变薄。当子宫肌层薄到无法支持孕晚期宫腔内压力的升高时，会发生子宫破裂。因此，人工流产应选择正规医院，避免因人员技术问题导致的操作不当。

（4）产科手术损伤。比如，器械、胎儿骨头碎片，或强行剥离严重粘连的胎盘都可导致子宫破裂。

（5）促进子宫收缩的药物使用不当，使子宫强烈收缩，加上瘢痕子宫和产道梗阻导致子宫破裂。

（6）子宫发育异常，局部肌层薄。

子宫破裂能否早发现？

超声检查子宫下段厚度或瘢痕厚度被认为可以预测子宫破裂。有研究表明，子宫下段厚度大于 3.0 毫米是排除子宫破裂的较可靠指标。

但是，超声检查判断不出瘢痕的承受能力。

子宫破裂是否有先兆，以便早识别？

有的。子宫破裂的发展通常为渐进性的，由先兆子宫破裂发展为子宫破裂。

先兆子宫破裂的临床表现：

（1）子宫呈强直性收缩，产妇下腹剧痛难忍，有少量阴道流血；

（2）病理性缩腹环：在子宫体部和子宫下段间形成凹陷；

（3）出现排尿困难和血尿；

（4）胎儿触不清，胎心率加快、减慢，或听不清。

有先兆子宫破裂的症状后，休息、放松等方式无法缓解症状。

一旦发生先兆子宫破裂，应立即停止使用催产素，紧急进行剖宫产。

子宫破裂能保住大人和孩子的性命吗?

一旦发现先兆子宫破裂，及时行剖宫产术，可以保住大人和孩子的生命。发现晚了，就很难说。

如何预防子宫破裂?

再次强调，做好产前检查。

高危人群，孕晚期应加强监测，及时住院待产。

警惕并尽早发现先兆子宫破裂征象。先兆子宫破裂会渐进性发展为子宫破裂，将严重威胁母婴生命。

前次剖宫产为纵切口、子宫下段切口有撕裂、术后感染愈合不良者，均应选择剖宫产，而不能顺产。

8. 脐带绕颈的危险

有些准妈妈行剖宫产的原因是超声发现"脐带绕颈",也就是脐带缠绕在宝宝脖子上了。乍一听,不得了啊,那宝宝不是喘不上气了?

宝宝在妈妈肚子里时只有呼吸动作,并不真的靠肺来喘气。氧气是通过胎盘得来,代谢废气也是通过胎盘排出。

有的产科医生可能会解释说,脐带绕颈时如果自己生的话,脐带紧紧勒着胎儿的脖子,脐带中的血管被压迫会引起血供不畅,进而导致胎儿宫内缺氧、窒息等严重不良后果。这种说法让很多准妈妈倍感焦虑。

脐带绕颈很常见

每3~5个孕妇就会有1个脐带绕颈。可以绕颈一圈也可以绕颈数圈,可以绕得松也可以紧。

产前的脐带绕颈是通过超声检查发现的。

有时超声并没有事先发现脐带绕颈,但因其他原因行剖宫产,医生将婴儿取出时，会发现脐带绕颈。

脐带绕颈通常会自行消除

绕颈可能随时发生，也可能随时消除。即使持续存在，也不会明显增加不良后果。因此，有些大医院已经不在超声报告中描述脐带绕颈的情况了。

脐带真结

真正和胎儿、新生儿不良预后有一定关系的是"脐带真结"，就是脐带打了个死结，很紧，影响了胎儿的血液供应。

不过，脐带真结的发生率很低，超声检出率也不高，因此筛查的意义不大。

脐带绕颈和脐带真结的危害在于可能引发胎儿缺氧、宫内窘迫。因此，孕晚期的准妈妈们不必太关注是否脐带绕颈，绕了几圈，而是应当好好地坚持数胎动。临产前更加要认真观察，以便及时发现胎儿宫内窘迫。

9

第 九 章　**二胎妈妈特别关注**

1. 二胎时代

计划生育政策逐渐宽松，很多家庭开始生二胎，二胎时代到来了。关于二胎的话题多了起来。剖宫产后多久可以再怀孕？高龄女性能不能生二胎？优生优育很重要。怀上二胎前要先养好身体，进行健康检查，还要给大宝做些思想动员哦。

两胎间隔最佳年龄

第一胎顺产的，恢复期相对较短。一般只要过了1年，待生理功能基本恢复，经过检查确认输卵管、子宫等生殖系统情况正常，就可以考虑怀第二胎。产后6个月内再次怀孕的女性，会面临一系列风险。比如，早产、低出生体重儿、子宫破裂等。

如果第一胎是剖宫产的，不可过早怀孕，因为存在子宫瘢痕破裂的危险。选择剖宫产的原因不同，再次怀孕的最佳时机也有所不同。最好向产科医生咨询后再做决定。一般建议剖宫产术后间隔18个月再怀孕较为安全。医学指南推荐，剖宫产后再次妊娠的最佳时机是术后2~3年。

美国儿科学会发布的最新指南指出，生二胎两个孩子年龄差异控制在 5 岁之内较合适，并且针对不同年龄的差异，给出了具体建议。

引导大宝接受二宝

在迎接二宝到来之前，父母很有必要花一些时间去适应如何养育宝宝，积累丰富的孕育经验。同时，要让大宝知道，未来还会有个弟弟或妹妹降临，让大宝提前做好心理准备。

父母可以在大宝面前闲聊似地谈论妈妈肚子里的新生命，用大宝能够理解的语言正面告诉大宝正在发生的事情；与大宝共读一些关于新宝宝的绘本，让大宝知道父母的爱不会比任何时期少；让大宝帮助未来的二宝做准备工作，比如购买婴儿用品、玩具和衣物；二宝出生后，带大宝参观医院，让大宝感觉到家庭所有成员在新宝宝照护中的重要性和责任感。

我国由于计划生育政策的特殊性，不少家庭的大宝已经是小学生了。因此，高龄二胎孕妇占有不少比例。下一节我们聊聊高龄女性再生育的风险和注意事项。

2. 高龄再生育

女性的最佳生育年龄为 20 多岁。30 多岁后生育能力逐渐下降。对于 35 岁以上的高龄孕妇，母亲和胎儿的风险都会增大。当前，许多 70 后妈妈希望尽早生育二胎。对于高龄女性而言，孕育二胎既是喜事，也是挑战。计划生二胎的高龄父母们既要做好身体准备，又要做好面对坏消息的心理准备。

高龄女性能不能生二胎呢？

能否再生二胎，首先需要检查身体状况是否允许。35 岁以上女性怀孕概率会下降，一年的累积受孕概率大概为 75%。40 岁以上的女性怀孕能力会急剧下降，一年的累积受孕概率大概为 40%~50%。这个年龄的女性，即使是做试管婴儿，每次怀孕率也只有 10%。对于超过 45 岁的女性，怀孕是一件非常困难的事情，受孕的概率不到 1%。而且，超过 45 岁的女性，剩余卵子质量严重下降。

建议高龄妈妈们做一些常规身体检查，比如心电图、肝肾功能、血常规、血糖、血压、甲状腺功能、TORCH 等。有条件的话，最好夫妻双方都做生殖系统检查。女性需做妇科 B 超、白带常规检查，男性做精液检查。医生会根据检查结果给出相应的建议。

高龄再次生育的难关

高龄经产妇的生育能力和机体状况处于下降状态。妊娠并发症，如妊娠期高血压、妊娠期糖尿病、妊娠期甲状腺疾病等的发病率明显升高。40 岁以上孕妇发生并发症的危险性更高。流产、难产的风险大大增加。

随着女性年龄的增长，流产率逐渐升高。35 岁怀孕的流产率为 25% 左右，40 岁时流产率为 35% 左右，45 岁时流产率高达 50%~60%。高龄怀孕流产的最主要原因是胚胎染色体异常，所以保胎常常无法阻止流产的发生。

高龄女性的卵子质量下降，受精卵出问题的概率明显上升，胎儿出生缺陷的风险也将增加。生育二胎的女性中，高龄及高危孕产妇占比近 60%，出生缺陷发生风险成倍增加。2016 年一季度妇幼保健机构的数据显示，新生儿染色体疾病的检出率是前两年的一倍，大部分发生在高龄产妇身上。

高龄生二胎，高风险怎么办？只得一关一关地闯。再生育的高龄女性应进行正规孕前检查，重视孕期保健和产前评估，从而保障母婴的安全，提高生育质量。

3. 瘢痕子宫再次怀孕

瘢痕子宫，就是指开过刀，动过手术的子宫。主要发生于剖宫产术、子宫肌瘤剔除术、子宫穿孔或破裂修复术、子宫成形术等之后。在我国，剖宫产术是瘢痕子宫产生的最主要原因。

我国剖宫产率较高，随着我国二孩政策的全面放开，瘢痕子宫再次怀孕的数量明显增多。瘢痕子宫对再次妊娠的全过程都有较大影响。它导致的相关问题，如出血、胎盘植入及瘢痕子宫破裂等，给准妈妈和产科医生都带来了极大的挑战。

瘢痕子宫妊娠的风险

瘢痕子宫再次怀孕，可能发生孕期出血、子宫破裂、产后出血、前置胎盘等并发症，其中切口妊娠、凶险型前置胎盘、子宫破裂非常棘手。子宫破裂，由于听起来就很吓人，大家会比较关注。

有的瘢痕子宫，不规则宫缩几天后做 B 超，瘢痕厚度甚至不足 1 毫米。遇到这种情况，谁都会很惊恐。因为一旦出现强烈宫缩，两条人命都可能不保。

　　但真正因瘢痕子宫妊娠而发生子宫破裂的极少。大概是因为产科医生和准妈妈自己都很小心，一旦发现异常，能够及时处理吧！

　　目前，尚无理想的方法来预测瘢痕子宫孕妇发生子宫破裂的风险。现在医院最常用的方法为，超声测量子宫下段原剖宫产瘢痕处的肌层厚度。但结果也未必完全可靠。

剖宫产瘢痕部位妊娠

有一种特殊情况，叫作"剖宫产瘢痕部位妊娠"，很凶险，是指有剖宫产史的孕妇，胚胎在子宫下段剖宫产切口瘢痕处停留生长、着床而发生的异常情况。由于子宫下段肌层较薄弱，加之剖宫产切口瘢痕处缺乏收缩能力，剖宫产瘢痕部位妊娠在流产或刮宫时，断裂的血管不能自然关闭，可发生致命的大量出血。

一旦停经后出现阴道不规则流血时，宜尽早进行超声或 MRI 检查。当确诊为剖宫产瘢痕部位妊娠时，建议尽早终止妊娠。该病病情很严重，危急情况下为抢救孕妇生命，可能要及时切除子宫。

瘢痕子宫无特殊治疗方法。如果剖宫产后子宫瘢痕愈合不良、出现经后淋漓出血等症状，或打算再次怀孕，可考虑行瘢痕修补术。

因剖宫产是瘢痕子宫最主要的原因，所以应减少无指征剖宫产的发生。

目前认为，如果此次怀孕距前次剖宫产的间隔时间少于 6 个月，将增加子宫破裂的风险；若间隔 6~18 个月，则不增加子宫破裂的风险。

如果你是瘢痕子宫，那么还是间隔 2 年以上再怀孕吧！

4. 剖宫产后转顺产（VBAC）

剖宫产后再次怀孕，分娩方式是一个热门话题。目前，多个权威妇产科学术性组织和机构已达成共识："计划性剖宫产后阴道分娩"对于大多数上一次子宫下段剖宫产的产妇是一种安全的选择。大白话就是，大宝剖宫产的，二胎可以试着顺产。真是个大好消息，有没有觉得？！

什么是VBAC?

剖宫产后阴道分娩，英文缩写是 VBAC。如果你年过 35 岁，胎儿过大，或怀孕超过 40 周，VBAC 仍然是安全的，但是这些情况会降低顺产的机会。

小贴士

上海市第一妇婴保健院设有 VBAC 专病门诊。这里的医生可真是艺高人胆大，VBAC 的成功率在 90% 以上（美国报道的成功率为 80% 左右），分娩过程中子宫破裂的概率小于 1%（美国报道的子宫

破裂率为 1%~2%)。

该院的官网上有关于 VBAC 的介绍和就诊指南。"篱笆论坛"里有好多成功 VBAC 妈妈们写的自身经历，很精彩也很感人。感兴趣的准妈妈们可以找来看看。

VBAC的优点是什么?

相对于剖宫产，VBAC 的优点在于：避免子宫又出现一个新的瘢痕；较少的产后疼痛；住院时间较短，恢复快；感染风险低。

什么人群适合 VBAC?

曾行一次子宫下段横切口剖宫产，且无阴道分娩禁忌征者，正确咨询专业医疗团队，并进行评估后，可试行 VBAC。

VBAC 最大的风险就是分娩过程中，上次剖宫产的伤口破裂。一旦发生，母婴都会非常危险。因此，VBAC 必须在有能力实施紧急剖宫产的医院进行。

禁忌征有哪些?

（1）前次古典式剖宫产或前次剖宫产术中子宫切口为"T"形或不规则形;

（2）有子宫破裂史;

（3）子宫肌瘤剔除史、术中穿透子宫内膜者;

（4）有阴道分娩禁忌征者（比如前置胎盘）。

成功 VBAC，医生的经验是关键，准妈妈也得足够勇敢。实际操作中，医生会对每个孕妇进行个体化评估。准妈妈们要有信心，但也不能太过执着哦！母婴平安最重要啦！

最后，祝愿每个准妈妈都健康好孕！

10

第 十 章

你问我答

1. 孕前能化妆吗?

我是一个爱美的女人，感觉不化妆就没办法出门。我现在准备怀孕，我很担心化妆会影响怀孕，但不化妆我很不习惯，心情十分矛盾。请问我现在还能化妆吗？

可以理解，爱美是女人的天性，准妈妈也不例外，不过要注意，孕前可不适合浓妆哦。化妆品中所含的铅、砷、汞等有毒物质被准妈妈的皮肤和黏膜吸收后，会透过胎盘进入胎儿的循环系统，影响胎儿的正常发育，导致胎儿畸形。化妆品中的某些物质经紫外线照射后，会变成有致畸作用的芳香胺类物质。鉴于以上原因，为了宝宝的健康，还是少用化妆品为好啊。当然，如果实在要用，建议选择适合孕妇用的化妆品，这样安全系数会高一些。

2. 孕前能喝酒吗?

我和先生准备生育宝宝，我先生平时爱喝酒，把我培养得也比较爱喝酒，我们这样的情况会不会影响怀孕？要怎么做才能更有利于我们生育？

为你有这样的危机意识点个赞。如果在孕前长期大量喝酒，那可建议你们缓一缓要孩子。俗话说，酒鬼多无后，这听来是不是有点汗毛凛凛的感觉？当然，现实可能没有俗话说的那么严重，但现代医学提示，长期过量饮酒会危及生殖系统，使生殖细胞染色体结构和数目发生变化。对男子来说，精子数目减少，活动力减弱；对女子来说，会妨碍卵子的发育和成熟。这都不利于怀孕，而且酒精会降低受精卵的质量。研究显示，酗酒的母亲很容易产下患有胎儿酒精综合征（FAS）的婴儿。FAS最显著的特征是一些生理缺陷，如头小畸形，心脏畸形，肢体、关节、面部畸形。女性孕中喝酒，如果她是个地道的"酒鬼"，FAS的症状最严重。中度的饮酒（每天30~90克），也可能产生胎儿酒精效应，包括生理发育受阻、轻微的生理畸形、较差的动作技能、注意力不集中和智力表现低下。就算每天饮酒少于30克的母亲，她们的孩子智力发展也稍微落后。而且FAS没有一个明确的关键期，孕前喝酒与孕后喝酒一样危险。一般建议从怀孕前6个月开始，夫妻双方都不能喝酒，女性整个孕期和哺乳期都不能喝酒。一时的口舌之快可能导致的后患，肯定不是你想要的哟，所以为了宝宝的健康，忍一忍吧。

3. 爱喝咖啡对怀孕有影响吗？

我的好朋友因为平时工作节奏快，压力大，每天都要喝几杯咖啡提提神，喝咖啡成了她的习惯。现在她想怀孕了，特别想知道经常喝咖啡会不会对怀孕有影响，是不是孕前不能喝咖啡了。

现代人对咖啡的接受度越来越高，咖啡里含有大量的咖啡因，它可以促进中枢神经的兴奋，备孕的妇女长期大量喝咖啡，可使心率加快，血压升高，对备孕不利。研究表明，每天300毫克的咖啡因能使怀孕能力下降27%。所以，如果你的朋友准备怀孕，不是不可以喝咖啡，但要控制咖啡因的摄入量。本书第五章提到，每天咖啡因的摄入量不超过200毫克，一杯225毫升的普通咖啡中，咖啡因含量为100~200毫克。建议你的朋友尽量少喝咖啡，多喝白开水，或者新鲜蔬果汁，这样更有利于怀孕，以及身体的健康。

4. 从备孕开始就不能养猫咪了吗?

我家一直养着一只猫咪，它是我的爱宠，我是它坚定的铲屎官。从我和丈夫准备怀孕开始，我的家人就不允许我接触猫咪了，说养猫会影响孩子的发育。我说只要注意卫生就行了，但家人坚决不答应，并把它送到了我表妹家。我很矛盾，但我真的好想它呀！请问从备孕开始就不能养宠物了吗?

看出来了，你和爱宠是真感情，分离的依依不舍可以理解。不过，尽管如此，以你目前的状态，还是不建议养宠物哟。宠物身上带有高度影响胎儿发育的弓形虫及其他细菌。弓形虫是一种人畜共患的寄生虫，可以通过动物传染给人。猫科动物是弓形虫的终末宿主，它们的大便中有可以使人直接感染的卵囊。人如果接触到，卵囊就有可能进入人体，然后进入血液，在有细胞核的细胞内繁殖，并可导致细胞死亡，其病原体还会导致内脏组织病变。弓形虫能通过胎盘影响胎儿的发育，导致早产、流产等，也可能导致胎儿小头症，并产生精神障碍、运动障碍等。你看，虽然养宠物并不一定会导致以上的结果，但只要有可能性存在，为了你"新爱宠"的健康，就和你的爱猫暂时分离一下吧！实在想猫咪了，很简单，请你表妹发视频给你，虽然触摸不到，但也可稍减相思之苦，有利于你心情的愉悦，对你孕育"新爱宠"有帮助哦。

5. 孕前抑郁怎么办?

因我的年龄比妻子大，和妻子商量准备生一个孩子，她也同意了。但最近我发现她做事情比往常更没有耐心，情绪经常起伏不定，很爱发脾气，睡眠质量也不高。请问她是不是有孕前抑郁？我该怎么办?

你的妻子对怀孕可能抱有一定的焦虑。孕前抑郁产生的原因有多方面，概括说，一是心理因素，主要是由生育孩子的各种担心构成的，如备孕妇女可能会对自己能不能生孩子，生男孩还是女孩感到焦虑，也会对胎儿是否会发育畸形感到担心，焦虑源的增加会导致情绪波动加大，进而导致孕前抑郁的产生。二是社会因素导致的，如夫妻感情不佳，对婚姻不满意，社会支持不足，失业、经济地位低下等。孕前抑郁需要及早调整。孕前抑郁最有效的治疗不是看医生，而是家人的关怀与照顾，尤其是丈夫细致、体贴的关心和呵护，可以使备孕妻子减轻焦虑，情绪安定。建议这位先生和你的妻子沟通，充分了解妻子的焦虑源在哪里，及时地予以排解，对症下药才能解决妻子的"心病"。当然平时也要多点时间陪伴妻子，一起聊聊天、散散步，让妻子充分感受到你的关心和爱护，这样她会有更好的心态来孕育你们的宝宝，这位准爸爸加油吧！

6. 长期在炎热的环境中工作会不会影响生育？

我是一个户外工作者，经常在炎热的环境中工作。我和妻子准备生孩子，我想问，我的工作会不会影响我们的生育？

你的担心不无道理。精子必须在低于正常体温的条件下，才能正常发育，温度过高会不利于精子的生长或导致其死亡，过高的温度也会使精子活动能力下降，导致不孕。据统计，50%精子稀少或不孕原因未明的男子，有过阴囊超高温的病史。通常男性睾丸的温度要低于其他部位 1~1.5 ℃才能产出正常的精子。所以，如果你经常从事高温下的工作的话，在准备做爸爸时，至少提前 3 个月离开高温环境，这样才更有利于备孕噢。顺便提一句，经常洗桑拿、热水澡也会使精子数量减少的。

7. 遗传对孩子哪些方面影响会比较大？

我怀孕了，我和老公经常会聊我家宝宝会像谁。我是个好奇宝宝，想请教一下，遗传对孩子哪些方面影响会比较大？

这是个令人感兴趣的话题。孩子获得来自父母双方的遗传素质，在发育、成长过程中会逐渐体现，有的特质受遗传的影响较大，有的则小一些。

孩子获得的绝对遗传包括：

眼睛：孩子眼睛的大小、眼形是遗传父母的。大眼睛、双眼皮、长睫毛相对小眼睛、单眼皮、短睫毛而言是显性遗传，如果夫妻一方是大眼睛、双眼皮、长睫毛，生这些眼部特征孩子的可能性会大一些哦。

下颌：这也是个显性遗传，父母一方有着突出的大下巴，孩子中标的概率大大的。

肤色：父母总希望孩子继承他们认为的好肤色，遗憾啦，肤色的遗传大多遵循的是中和法则，夫妻双方都黑的，不可能有个肤色雪白的孩子；夫妻一黑一白，大多会得一个中性肤色的孩子，当然也可能会有偏向一方的例外呢。

孩子获得的有半数以上概率的遗传：

肥胖：夫妻双方肥胖，孩子有 53% 的概率成为肥胖者；夫妻一方肥胖，孩子肥胖的概率下降到 40%。

秃头：英国威廉王子的秃顶总是让女孩子们芳心碎一地，没办法，看看他的父亲查尔斯王子及他的爷爷菲利普亲王就知道了。父亲是秃头，遗传给儿子的概率为 50%，就连母亲的父亲，也会有25% 的秃头概率遗传给他的外孙们，这真不幸，但幸运的是这传男不传女。

概率不高的遗传：

少白头：在这一点上，父母不必过分担心自己的少白头一定会遗传给孩子，因为少白头是属于概率较低的隐性遗传。

8. 孕期可以接种疫苗吗?

我是孕妈妈，想了解一下，孕期如果不小心被宠物抓伤、挠破，是否可以接种狂犬病疫苗？如果扎到钉子，是否可以注射破伤风疫苗？那么，孕期到底有哪些疫苗能接种，哪些不能接种呢？

疫苗，大概可以分为"灭活疫苗"和"减毒活疫苗"两类。"灭活疫苗"，表示疫苗中的微生物，已经通过化学或物理的方法杀灭了。例如，狂犬病疫苗和破伤风疫苗，孕期可以使用。"减毒活疫苗"，是减弱了致病力的微生物制成的，也就是说疫苗中含有活的微生物。这些微生物能刺激人体产生保护力，但不会导致疾病的发生。例如，麻疹疫苗、风疹疫苗、流行性腮腺炎疫苗、水痘疫苗、卡介苗等都属于这类疫苗，孕期禁用。

9. 是不是一定要按时产检?

我住的地方离医院较远，乘车不方便，每次去医院实在太麻烦。现在是生育高峰期，医院里人太多，每次产检都是一大堆孕妇，排长队等着。我不想按医院的要求产检了。万一身体有不舒服，我再去医院，可以吗?

必须按时产检哦!

产检的好处:(1)得到医生科学的指导，包括有关孕期营养、卫生等科学知识。(2)及时了解胎儿发育情况，比如营养状况、是否存在畸形等。(3)及时发现妊娠期并发症，如前置胎盘、胎盘早期剥离等，这些对胎儿和孕妇的生命都有威胁。(4)预测分娩有无困难，选择合适的分娩方式。

如果在产检过程中发现了异常情况，可以及时采取一些相关措施，避免意外事件的发生。按时产检，是孕妈妈和胎宝宝的安全保障。

10. 剖宫产能全麻吗？

我已经孕 38 周，医生建议剖宫产。我对疼痛很敏感，从小就特别怕痛。听说剖宫产通常是局部麻醉。有些妈妈回忆自己剖宫产手术前，麻药没生效，疼痛剧烈，很受罪。我可以要求全身麻醉吗？

全身麻醉是指通过使用各种药物使人达到神志丧失、遗忘（短期，可以恢复）、痛觉消失、肌肉松弛等状态，以便进行外科手术或者检查操作的技术。

剖宫产手术很少全麻。全身麻醉药物经过血液肝脏肾脏代谢，也会通过胎盘作用于胎儿，可能会引起呼吸抑制、缺氧等。所以剖宫产时，一般首选局部麻醉。比如椎管内麻醉（后腰部进针给麻药），让肚子和下半身没感觉就可以了。

11. 孕期能染发吗？如果染发会对孩子有影响吗？

由于我例假不准，这次不小心怀孕了，结果在不知道的情况下染了一次头发。我用的是植物染发剂，会对宝宝造成危害吗？怀孕后可以染头发吗？

孕妇染发不是绝对禁止的，但可免则免。这位孕妈妈说，她用的是植物染发剂，貌似比较安全。但其实，有些植物染发剂，为了让染后头发颜色保持长久，添加的化合物不一定真的是纯天然的。而且纯天然的成分，也不代表完全没有健康隐患。

实在有需求的话，孕妇染发最好能等到怀孕 3 个月以后，最好选择有安全实验证据的产品。孕期染发，建议注意以下几点：选择空气流通的地方，染发剂要及时清洗掉，尽量挑染。

12. 地铁里的X光检测仪会对胎儿有影响吗？

我是上班族，孕期仍然坚持每天上班。我乘地铁时，尽管按规定孕妇可以免检，但每次经过 X 光安检仪，仍然有顾虑。请问，地铁站内的 X 光安检仪有辐射，天天经过它的附近，会对宝宝的健康造成影响吗？

不必担心，地铁站口的 X 光安检仪不会对宝宝有危害。

对一般公众来说，每年接受不超过 1 毫西弗的辐射量是安全的。对比这个剂量，地铁站内的 X 光安检仪造成的辐射量极低。而且，乘客们都是从 X 光安检仪的侧面通过，安检仪的两侧和行李出入口都有防护，辐射剂量非常低。每次经过安检仪所花时间非常短。

如果不放心，可以考虑尽量在没有物品进入 X 光安检仪的时候，快速通过。

主要参考文献

中文文献

1. 陈超，袁琳. 超早产儿的救治意义及救治技术的发展［J］. 中华围产医学杂志，2016（10）.

2. 李博雅，等. 剖宫产后阴道分娩相关问题［J］. 中国实用妇科与产科杂志，2016（8）.

3. 王琪. 图解胎儿发育280天［M］. 南京：江苏科学技术出版社，2015.

4. 马良坤，等. 协和专家带你做产检［M］. 北京：电子工业出版社，2015.

5. 栾艳秋. 产检那些事儿［M］. 太原：山西科学技术出版社，2015.

6. 柯亚亚，等. 美国妇产科医师学会晚期足月和过期妊娠指南（2014版）要点解读［J］. 中国实用妇科与产科杂志，2015（2）.

7. 张慧丽，等. 美国妇产科医师学会"妊娠期高血压疾病指南"解读［J］. 中华产科急救电子杂志，2014（1）.

8. 普雷斯顿. 二胎宝宝孕育计划［M］. 蒋宗强，译. 北京：北京出版社，2015.

9. 苇迟. 胎儿学诊断与治疗：第 2 版［M］. 李笑天，等，译. 北京：人民卫生出版社，2013.

10. 吴钟瑜，焦彤. 产科超声诊断［M］. 天津：天津科技翻译出版公司，2012.

11. 王华，等. 三种唐氏筛查方法的统计学评价［J］. 中国优生与遗传杂志，2012（8）.

12. 洛若愚，曹来英. 妇产科疾病并发症鉴别诊断与治疗［M］北京：科技文献出版社，2010.

13. 威廉姆斯. 产科学手册——妊娠并发症：第 22 版［M］. 龚晓明，主译. 北京：人民卫生出版社，2008.

14. 乔纳斯. 胎儿孕育 38 周写真［M］. 王佐良，译. 济南：山东科学技术出版社，2003.

外文文献

1. Rezai S., Labine M., Gottimukkala S.,et al.Trial Of Labor After Cesarean (TOLAC) for Vaginal Birth After Previous Cesarean Section (VBAC) Versus Repeat Cesarean Section; A Review［J］.Obstetrics & Gynecology International, 2016（6）.

2. Brett KE，Ferraro ZM，Yockell J, et al. Maternal−fetal Nutrient Transport in Pregnancy Pathologies: the Role of the Placenta［J］. International Journal of Molecular Sciences, 2014（9）.

后　记

　　《这样爱你刚刚好》是自孕期开始至大学阶段一套完整的新父母教材，全套共20册，0—20岁每个年龄段一本。之所以如此设计，是基于向不同年龄孩子的父母提供精准专业服务的需要。与常见的家庭教育图书相比，它不是某一位作者的个人体会和心得，而是40余位国内家庭教育专家集体研究和讨论的结晶，具备完整、科学的体系，代表了我国家庭教育发展的主流。

　　全国政协副秘书长、民进中央副主席、中国教育学会家庭教育专业委员会理事长、新教育实验的发起人朱永新教授，最先提出了编写如此庞大规模的新父母教材的设想，并且担任了第一主编。我和新家庭教育研究院副院长蓝玫一起，与中国青少年研究中心家庭教育研究所所长、《少年儿童研究》杂志主编刘秀英编审，中国青少年研究中心少年儿童研究所所长孙宏艳研究员和上海师范大学学前教育系主任、博士生导师李燕教授三位分主编，讨论并确立了本套教材的编写框架。

　　在中国的家庭教育领域，已经有多种多样的教材或读本，但水平参差不齐，而决定质量的关键因素是编写思想与专业水准。因此，新家庭教育研究院联合中国青少年研究中心和上海师范大学一起组建高水平的专业团队，来完成这一重大而具有创新意义的任务。具体分工如下：由上海师范大学学前教育系承担孕期及学前教育阶段的编写任务，由中国青少年研究中心家庭教育研究所承担小学教育阶段的编写任务，由中国青少年研究中心少年儿童研究所承担中学教育及大学阶段的编写任务。

孕期及学前教育阶段的作者是：孕期，上海师范大学副教授王晓芳，上海师范大学讲师赵燕；0—1岁，南京市江宁区竹山幼儿园教研主任陈露，小小运动馆课程总监杨薇；1—2岁，上海师范大学闵行区实验幼儿园教师胡泊；2—3岁，上海师范大学天华学院教师王英杰，上海市青浦区教师进修学院教师黄开宇；3—4岁，安徽池州学院教师吴慧娴，上海市宝山区吴淞成人中等文化技术学校教师吕芳；4—5岁，上海师范大学天华学院学前教育专业主任、副教授扶跃辉，上海师范大学天华学院教育学院院长助理张丽，王茜、潘莉萍、李艳艳、黄海娟、杨艳等教师参加编写；5—6岁，上海市闵行区莘庄幼儿园教师申海燕、陆夏妍。

我与刘秀英、孙宏艳和李燕三位分主编担任了审读与修改任务，在我突患眼疾的情况下，蓝玫副主编、首都师范大学副教授李文道博士承担了部分书稿的审读任务。第一主编朱永新教授亲自审读了每一册书稿，并提出了细致的意见，承担了终审的责任。

湖南教育出版社在黄步高社长的坚强领导下，不仅以强大的编辑团队完成了出版任务，而且创办了一年一度的家庭教育文化节，为推进我国家庭教育发展提供了强大的学术支持，展现了优秀出版社的远见、气魄和水准。

作为一个从事教育事业45年的研究者，我撰写和主编过许多著作，却很少有过编写新父母教材这样细致而艰巨的体验：从研讨到方案，从创意到框架，从思想到案例，从目录到样章，等等。尽管如此，这套教材还存在很多不足。同时我也深知，一套教材的使命，编写与出版其实只是完成了一半，另一半要依靠读者完成。或者说，只有当读者认可并且在实践中发展和创新了，才是一套教材的真正成功，也是对作者和编者的最高奖赏。

我们诚恳希望广泛听取读者和专家学者的批评指正，我们对您深怀敬意和期待！

孙云晓

2017年9月

图书在版编目（CIP）数据

这样爱你刚刚好，我未来的孩子 / 朱永新，孙云晓，李燕主编.—长沙：湖南教育出版社，2017.11
ISBN 978-7-5539-5725-8

Ⅰ.①这… Ⅱ.①朱… ②孙… ③李… Ⅲ.①家庭教育 Ⅳ.①G78

中国版本图书馆CIP数据核字（2017）第213998号

ZHEYANG AI NI GANGGANGHAO,
WO WEILAI DE HAIZI

书　　名	这样爱你刚刚好，我未来的孩子
出 版 人	黄步高
责任编辑	陈慧娜　鲍艳玲
封面设计	天行健设计
责任校对	崔俊辉　胡　婷
出　　版	湖南教育出版社（长沙市韶山北路443号）
网　　址	http://www.hneph.com
电子邮箱	hnjycbs@sina.com
微信服务号	极客爸妈
客　　服	电话 0731-85486979
发　　行	湖南省新华书店
印　　刷	深圳当纳利印刷有限公司
开　　本	787×1092　16开
印　　张	12.25
字　　数	100 000
版　　次	2017年11月第1版　2017年11月第1次印刷
书　　号	ISBN 978-7-5539-5725-8
定　　价	48.00元